Verträge mit Erläuterungen

Ehevertrag

Rechtsanwalt Joachim Mohr

Fachanwalt für Familienrecht
sowie Fachanwalt für Erbrecht
Gießen

Verlag C. H. Beck München 2009

Verlag C.H. Beck im Internet:
beck.de

ISBN 978 3 406 58666 8

© 2009 Verlag C.H. Beck oHG
Wilhelmstr. 9, 80801 München
Druck und Bindung: Nomos Verlagsgesellschaft
In den Lissen 12, 76547 Sinzheim

Satz: ES-Editionssupport, München

Gedruckt auf säurefreiem, alterungsbeständigem Papier
(hergestellt aus chlorfrei gebleichtem Zellstoff)

Inhaltsverzeichnis

I. Einleitung	3
II. Vertragsmuster	9
III. Erläuterungen	13
1. Formerfordernisse des Ehevertrages	13
2. Präambel	13
3. Vereinbarungen zum Güterstand	14
4. Beteiligung des Ehegatten am Vermögen beim Tod eines Ehegatten	32
5. Regelung zu so genannten unbenannten Zuwendungen	36
6. Güterrechtsregister	38
7. Versorgungsausgleich	38
8. Nachehelicher Ehegattenunterhalt	43
9. Erläuterung der Schlussbestimmungen	53
10. Weitere Regelungsgegenstände und Aspekte des Ehevertrages	53

I. Einleitung

Der Begriff des Ehevertrages wird nicht einheitlich gebraucht. Im Gesetz wird er lediglich im Rahmen güterrechtlicher Regelungen verwendet, also im Zusammenhang mit der Wahl und Ausgestaltung des Güterstandes. Als eheliche Güterstände gibt es den aufgrund des Gesetzes geltenden Güterstand der Zugewinngemeinschaft und die davon abweichenden vertraglich zu vereinbarenden Güterstände der Gütertrennung oder der Gütergemeinschaft.

Ein Ehevertrag im weiteren Sinne – wie er hier behandelt wird – regelt umfassend vorsorgend etwaige Scheidungsfolgen.

Der Ehevertrag kann sowohl vor als auch nach einer Heirat geschlossen werden.

Der Begriff wird aber auch im Rahmen von Vereinbarungen verwendet, die getroffen werden, wenn eine Ehe sich bereits in der Krise befindet. Sie wird dann aber oft auch als Scheidungsfolgenvereinbarung bezeichnet. Dieser Ratgeber beschäftigt sich ausschließlich mit vorsorgenden Eheverträgen, als Verträgen, die in einer Zeit geschlossen werden, der keine Trennung vorausgeht.

Das Thema Ehevertrag ist heute praktisch vor jeder Eheschließung zwischen Brautleuten im Gespräch. Dennoch münden diese Gedanken nur in einer geringen Zahl von Fällen in einen Abschluss im Zusammenhang mit der Eheschließung. Das dürfte sowohl persönliche als auch rechtliche Gründe haben.

Im persönlichen Bereich spielt das emotionale Argument eine wichtige Rolle, einen Ehevertrag wolle nur der abschließen, der das Scheitern der Ehe bereits bei Eheschließung unterstelle. Der Wunsch auf Abschluss eines Ehevertrages stelle ein klares Misstrauensvotum gegenüber dem anderen Ehegatten dar. Dem kann allerdings mit guten Gründen entgegengehalten werden, dass die Regelung der rechtlichen Folgen einer Scheidung – im Gegenteil – einen Vertrauensbeweis darstellen kann.

Der Ehevertrag stellt die vorweggenommene einvernehmliche Regelung von Scheidungsfolgen auf der Grundlage der individuellen, vom Gesetz abweichenden Wertvorstellungen der Ehegatten dar. Können Ehegatten einvernehmlich Vereinbarungen auch für einen etwaigen Konfliktfall treffen, spiegelt gerade das ein besonderes Vertrauen zwischen den Ehegatten wieder. Jeder der Ehegatten kann sich damit auf die Zusagen des anderen Ehegatten vor der Eheschließung, unabhängig für die Gründe der Beendigung einer Ehe, verlassen. Gerade zu diesem Zeitpunkt besteht schließlich beiderseitiges Vertrauen und der Wille, auch in Zukunft fair miteinander umzugehen.

Das Scheitern der Ehe mit ins Kalkül zu ziehen, ist im Übrigen statistisch nicht unbegründet, wenn man bedenkt, dass im Jahr 2005 demnach 40 % der Ehen in Deutschland geschieden worden sind.

Zudem dürften die nur vagen Vorstellungen der Bevölkerung über die gesetzlichen Regelungen der Scheidungsfolgen ein weiterer Grund dafür sein, dass vom Abschluss eines Ehevertrages abgesehen wird.

Die Praxis zeigt, dass Ehegatten nach einer Trennung keine oder nur unklare, zumeist falsche Vorstellungen über die gesetzliche Regelung der Scheidungsfolgen, wie Unterhalt und Zugewinnausgleich sowie zur Vermögensauseinandersetzung haben.

Ein dritter Grund kann der sein, dass schlicht die persönlichen und wirtschaftlichen Verhältnisse der Ehegatten keiner vom Gesetz abweichenden Regelungen bedürfen, weil diese im Wesentlichen dem gesetzlichen Leitbild einer Ehe entsprechen. Dieses geht nämlich davon aus, dass einer der Partner während der Ehe voll erwerbstätig ist, während der andere den Haushalt führt, die Kinder erzieht und infolgedessen nicht oder nur Teilzeit arbeitet. Für diese familiäre Konstellation stellt das Gesetz eine verhältnismäßig ausgewogene Regelung der Scheidungsfolgen bereit.

Im Bereich der Eheverträge besteht – wie auch im allgemeinen Zivilrecht – weitgehende Vertragsfreiheit. Die Ehegatten können also im Wesentlichen frei von der Gesetzeslage abweichende Vereinbarungen treffen. Allerdings findet diese Dispositionsfreiheit nach einem Urteil des Bundesverfassungsgerichts ihre Grenze, wenn durch die vertragliche Regelung eine

„evident einseitige und durch die individuelle Gestaltung der ehelichen Lebensverhältnisse nicht gerechtfertigte Lastenverteilung entstünde, die hinzunehmen für den belasteten Ehegatten – bei angemessener Berücksichtigung der Belange des anderen Ehegatten und seines Vertrauens in die Geltung der getroffenen Abrede – bei verständiger Würdigung des Wesens der Ehe unzumutbar erscheint".

Maßstab für die Begrenzung der Ehevertragsfreiheit ist also das Wesen der Ehe in seinem Kern (so genannte Kernbereichslehre). Je stärker durch die vertragliche Regelung in Bereiche eingegriffen wird, die gerade Ausdruck wechselseitiger nachehelicher Beistandspflichten sind, umso genauerer Prüfung bedarf deren Wirksamkeit. Vertraglich soll eine Solidarität der Ehegatten, auf die beide Teile in jedem Fall vertrauen können sollen, nicht abbedungen werden können.

Daraus folgt umgekehrt: Je weniger existenziell die Scheidungsfolgeregelung ist, umso größer ist die Gestaltungsfreiheit der Ehegatten.

Daher gehört zum Kernbereich der nachehelichen Scheidungsfolgen in erster Linie der Unterhaltsanspruch wegen der Betreuung eines Kindes. Dieser kann im Hinblick auf die in diesem Zusammenhang mit betroffenen Kindesinteressen beim Vorhandensein eines gemeinschaftlichen Kindes jedenfalls bis zu dessen 3. Lebensjahr nicht ohne weiteres völlig ausgeschlossen werden.

Auch der Unterhaltsanspruch wegen Alters oder Krankheit eines Ehegatten sowie vertragliche Regelungen zum Versorgungsausgleich unterliegen einer starken richterlichen Inhaltskontrolle.

Beim Versorgungsausgleich, beim Ausgleich der durch die Ehegatten während der Ehezeit erworbenen Rentenanrechte, folgt dies aus der Tatsache, dass es dabei praktisch um eine vorweggenommene Regelung der Unterhaltsansprüche im Alter geht, dieser also den unmittelbaren Unterhaltsregelungen vergleichbar ist. Der Versorgungsausgleich hat zudem den Charakter der Vermögensbildung, weil Rentenansprüche bei den Rententrägern praktisch angespart werden.

Sodann folgt der Krankenvorsorge- und Altersvorsorgeunterhalt, die ebenfalls noch starken Schutz genießen. Dabei handelt es sich um einen Anspruch eines Ehegatten gegen den anderen auf Zahlung von Beträgen, die erforderlich sind, um die eigenen Krankenversicherungskosten decken zu können oder angemessene Altersvorsorge betreiben zu können.

Größere Vertragsfreiheit besteht demgegenüber bei dem so genannten Aufstockungsunterhalt, also dem Unterhaltsanspruch, der den Lebensstandard des geschiedenen Ehegatten sichern soll, sowie dem Ausbildungsunterhalt, d.h. dem Unterhaltsanspruch, der dem berechtigten Ehegatten nachehelich einen Anspruch auf Unterhalt gewährt, um eine Ausbildung oder Fortbildung zu absolvieren. Der Anspruch besteht beispielsweise, wenn ein Ehegatte eine fest geplante oder bereits begonnene Ausbildung nicht durchgeführt bzw. abgebrochen hat, um in der Ehe geborene Kinder zu betreuen.

Regelungen zum Zugewinnausgleich und der Vermögensauseinandersetzung unterliegen weitgehend der Entscheidungsfreiheit der Ehegatten.

Bei einer gerichtlichen Überprüfung unterliegen die ehevertraglichen Regelungen sowohl einer Wirksamkeits- als auch einer Ausübungskontrolle (vgl. Bundesgerichtshof NJW 2004, 930).

Demnach ist eine Inhaltskontrolle von Eheverträgen vorzunehmen, wenn sowohl eine Ungleichgewichtslage zwischen der Verhandlungsposition der Ehegatten vor Vertragsschluss vorliegt, als auch der Vertragsinhalt durch eine einseitige Lastenverteilung gekennzeichnet ist.

Schlagwortartig lassen sich die Kriterien für die Überprüfung eines Ehevertrages wie folgt zusammenfassen:
- Beinhalten die Regelungen in der Gesamtschau der getroffenen Abreden ein krasses Ungleichgewicht und verteilen sie die ehelichen Lasten einseitig?
- Haben die Vertragspartner vor Abschluss des Ehevertrages erheblich unterschiedliche Verhandlungspositionen gehabt?
- Hat einer der Ehegatten im Hinblick darauf die Vertragsverhandlungen dominiert und war der andere deshalb strukturell unterlegen? Das ist insbesondere bei Unterhaltsregelungen zu prüfen, wenn die Ehefrau zum Zeitpunkt des Vertragsschlusses schwanger war.

Die in einem ersten Schritt durchzuführende so genannte Wirksamkeitskontrolle überprüft, ob die Vereinbarung schon zum Zeitpunkt des Vertragsschlusses offenkundig zu einer ungleichen Lastenverteilung für den Scheidungsfall führen würde. Dabei werden die getroffenen Regelungen anhand einer Gesamtschau überprüft.

Wird beispielsweise eine Beschränkung der zum Kernbereich des nachehelichen Unterhaltsanspruchs gehörenden Bereiche vorgenommen, müssen die daraus resultierenden Nachteile durch besondere in der Person des betroffenen Ehegatten liegenden Umstände dies rechtfertigen oder eine Kompensation in einem anderen Bereich vorgesehen sein. Beispielsweise kann ein Unterhaltsverzicht trotz Kinderbetreuung in Betracht kommen, wenn der Ehegatte Einkünfte aus Vermögen erzielt, die es ihm unzweifelhaft ermöglichen, seinen Unterhaltsbedarf dennoch allein zu decken.

Für den Fall, dass auf Ansprüche vollständig verzichtet wird, sollten also im Kernbereich ehevertraglicher Regelungen Kompensationsleistungen vorgesehen werden.

Führt die Wirksamkeitskontrolle zu dem Ergebnis, dass die vertragliche Regelung unter Berücksichtigung der Umstände vor Vertragsschluss nicht sittenwidrig ist und damit dem Grunde nach Bestand hat, folgt auf einer zweiten Stufe die Ausübungskontrolle. In diesem Rahmen wird geprüft, ob ein Ehegatte seine ihm zustehende Rechtsposition zum Zeitpunkt der Scheidung zu Lasten des anderen Ehegatten rechtsmissbräuchlich ausübt.

Die Ausübungskontrolle führt – anders als die Wirksamkeitskontrolle – nicht zum völligen Wegfall der ehevertraglichen Regelung und damit zur Anwendung der gesetzlichen Vorschriften. Vielmehr führt sie lediglich zur Beseitigung der ehebedingten bzw. ehevertraglichen Nachteile der im Übrigen fortbestehenden vertraglichen Regelung. Sie kommt nur dann zum Tragen, wenn sie durch den Grundsatz der ehelichen Solidarität gerechtfertigt ist. Die Korrektur muss also gerade der Verwirklichung der der Ehe dem Grunde nach innewohnenden Grundsätze dienen.

In erster Linie ist die Ausübungskontrolle von praktischer Bedeutung, wenn durch den Eintritt nicht vorhergesehener Ereignisse nach Vertragsschluss eine einzelne Regelung des Vertrages für den betroffenen Ehegatten ganz oder teilweise unzumutbar erscheint. Dann können die Rechtsfolgen der einzelnen Regelung durch ein Gericht unter Berücksichtigung der nunmehr gegebenen Sachlage und der ursprünglichen in dem Vertrag zum Ausdruck gekommenen Intention der Ehegatten ganz oder teilweise eingeschränkt werden.

Die vorstehenden Ausführungen zeigen deutlich, dass viele Wertungsgesichtspunkte bei diesen Rechtsfragen eine Rolle spielen. Daraus folgt eine erhebliche Rechtsunsicherheit. Um diese zu begrenzen, sollte in jedem Fall versucht werden, eine ausgewogene ehevertragliche Regelung zu suchen, um im Konfliktfall Einwände gegenüber der Wirksamkeit des Vertrages zu vermeiden. Nicht zuletzt gebietet das auch der Respekt vor den berechtigten Interessen des anderen Ehegatten.

Die Einzelheiten des Prüfungsmaßstabes werden – soweit erforderlich – im Rahmen der jeweils betroffenen Regelungsbereiche gesondert behandelt.

Die vorliegende Broschüre gibt einen Überblick über die häufig in einem Ehevertrag enthaltenen Regelungen und über typische persönliche Merkmale von Ehegatten, die eine entsprechende Regelung erforderlich machen können.

Der Darstellung wird ein Muster für einen Ehevertrag vorangestellt, in dem die wichtigsten und üblichen Regelungen eines Ehevertrages enthalten sind. Diese werden dann anhand der einzelnen Regelungen erläutert und im Hinblick auf individuelle Merkmale von Ehegatten ergänzt, mit Hinweisen auf dann empfehlenswerte abweichende Regelungen.

Es handelt sich um eine Darstellung, die zwar konkrete Formulierungsvorschläge enthält, aber eine individuelle Überprüfung nicht entbehrlich machen kann, ob die Vereinbarung den eigenen Bedürfnisse entspricht. Hier ist unbedingt rechtlicher Rat einzuholen, am besten bei einem auf das Familienrecht spezialisierten Anwalt oder Notar.

Ehevertragliche Vereinbarungen bedürfen zu ihrer Wirksamkeit der notariellen Beurkundung.

Nicht selten werden in einem Ehevertrag auch erbvertragliche Regelungen getroffen. Entsprechende Muster würden jedoch den Rahmen dieser Darstellung sprengen.

Es wird der Vertragstypus eines Ehevertrages der jungen Doppelverdiener-Ehe mit Kinderwunsch zugrunde gelegt, also das – noch – aktuelle Leitbild der Ehe.

II. Vertragsmuster

Verhandelt am _____ in _____
Vor dem Notar _____ in _____ sind erschienen:
1. Frau _____, Verwaltungsangestellte,
   geboren am _____ in _____
und
2. Herr _____, kaufmännischer Angestellter,
   geboren am _____ in _____
beide wohnhaft in _____, ausgewiesen durch Vorlage ihrer Personalausweise.

Präambel

Die Erschienenen beabsichtigen zu heiraten. Sie sind beide deutsche Staatsangehörige. Beide Erschienenen sind derzeit voll berufstätig und wollen dies zunächst auch bleiben.
Für den Fall der Scheidung will jeder der Ehegatten wieder für sich allein sorgen, daher soll das gesetzliche Scheidungsfolgenrecht, nämlich die Regelungen zum Zugewinnausgleich, dem Versorgungsausgleich und dem nachehelichen Unterhalt völlig ausgeschlossen werden.
Es besteht allerdings ein Kinderwunsch. Für den Fall, dass aus der Ehe der Erschienenen Kinder hervorgehen, soll der Ausschluss eingeschränkt werden, wenn ein Ehegatte aus Anlass der Geburt eines gemeinsamen Kindes seine Berufstätigkeit aufgibt oder einschränkt.
Die Erschienenen wurden von dem Notar über die Bedeutung und rechtliche Tragweite des gesetzlichen Ehegüter- und Scheidungsfolgenrechts und die Möglichkeiten seiner vertraglichen Abbedingung in einem Vorgespräch vor der Beurkundung belehrt. Sie erhielten im Anschluss an dieses Gespräch einen Vertragsentwurf und erklären, dass sie genügend Zeit zur Prüfung des Entwurfes hatten.
Der Notar hat darauf hingewiesen, dass bei einer Änderung der tatsächlichen oder rechtlichen Verhältnisse, die in diesem Vertrag nicht berücksichtigt worden sind, anlässlich einer Scheidung durch das erkennende Gericht im Wege der Ausübungskontrolle eine Korrektur vorgenommen werden kann.
Sie schließen sodann folgenden

Ehevertrag:

I. Güterstand

Wir vereinbaren den Güterstand der so genannten modifizierten Zugewinngemeinschaft.

Für den Fall, dass unser Güterstand durch den Tod eines Ehegatten beendet wird, soll es beim Zugewinnausgleich nach den gesetzlichen Vorschriften bleiben.

Wird der Güterstand auf andere Weise beendet, schließen wir den Ausgleich des Zugewinns vollständig aus. Dies gilt auch für den vorzeitigen Zugewinnausgleich bei Getrenntleben.

Dieser Ausschluss des lebzeitigen Zugewinnausgleichs entfällt, wenn ein gemeinschaftliches Kind geboren wird oder ein Kind gemeinsam adoptiert wird. In diesem Fall soll der Zugewinnausgleich ab diesem Zeitpunkt durchgeführt werden. Bis zur Geburt oder Adoption erworbenes Vermögen ist Anfangsvermögen.

In jedem Fall schließen wir eine Korrektur der bei der Scheidung bestehenden Vermögenszuordnung oder den gesonderten Ausgleich für Zuwendungen von Vermögen oder Arbeitskraft an den anderen Ehegatten auf jeder denkbaren Rechtsgrundlage aus, soweit einzelvertraglich nichts anderes vereinbart ist oder wird.

Wir beantragen die Eintragung der Gütertrennung für den Fall der Scheidung (so genannte modifizierte Zugewinngemeinschaft) in das Güterrechtsregister. Der Notar soll jedoch die Eintragung nur auf besondere schriftliche Anweisung eines von uns veranlassen.

II. Ausschluss des Versorgungsausgleichs

Wir schließen den Versorgungsausgleich für den Fall der Scheidung unserer Ehe aus.

Der Notar hat uns über die Bedeutung und die Folgen des Ausschlusses belehrt, insbesondere darüber, dass ein Ausgleich der in der Ehezeit erworbenen Versorgungsanwartschaften oder Aussichten auf eine Versorgung wegen Alters oder verminderter Erwerbsfähigkeit aufgrund dieser Vereinbarung nicht stattfindet.

Der Notar hat weiter darauf hingewiesen, dass der Ausschluss des Versorgungsausgleichs unwirksam ist, wenn einer von uns innerhalb eines Jahres nach Vertragsschluss Antrag auf Scheidung der Ehe stellt.

Sollte diese Vereinbarung durch Einreichung eines Scheidungsantrags innerhalb eines Jahres gemäß § 1408 II 2 BGB unwirksam sein, so soll sie dennoch als Vereinbarung gemäß § 1587o BGB Bestand haben.

Die Ehegatten betrachten diese Vereinbarung als ausgewogene Regelung auch im Sinne letzterer Vorschrift. Sie wurden vom Notar darauf hingewiesen, dass in letzterem Fall die Vereinbarung der Genehmigung des Familiengerichts bedarf.

Der Ausschluss des Versorgungsausgleiches wird auflösend bedingt vereinbart.

Sollte ein Ehegatte wegen der Geburt eines gemeinschaftlichen Kindes oder der gemeinsamen Adoption eines Kindes seine Berufstätigkeit ganz oder teilweise auch nur zeitweise aufgeben, so wird die Vereinbarung mit dem auf die Geburt des Kindes folgenden Monatsersten unwirksam. Ab diesem Zeitpunkt findet der Versorgungsausgleich statt, für den Zeitraum davor jedoch nicht.

Von dieser auflösenden Bedingung wird auch die Vereinbarung gemäß § 1587 o BGB erfasst.

III. Verzicht auf nachehelichen Unterhalt

Wir verzichten wechselseitig auf nachehelichen Unterhalt in jeder Form und in allen Lebenslagen, einschließlich im Fall der Not und auch für jeden Fall der Änderung der Rechtslage.

Auch mit dem Tod des zuerst versterbenden Unterhaltsverpflichteten sollen sämtliche Unterhaltsansprüche erlöschen, wobei die Anwendbarkeit der §§ 1586 b, 1933 Satz 3 BGB ausdrücklich ausgeschlossen wird.

Wir nehmen diesen Verzicht hiermit wechselseitig an.

Der Notar hat uns über die Folgen dieses Unterhaltsverzichtes belehrt und insbesondere darauf hingewiesen, dass nach der Scheidung der Ehe oder dem Tod des Unterhaltsverpflichteten jeder für sich selbst für den eigenen Unterhalt Sorge zu tragen hat.

Der Unterhaltsverzicht wird auflösend bedingt vereinbart.

Sollte einer der Erschienenen wegen der Geburt oder Adoption eines gemeinschaftlichen Kindes seine Berufstätigkeit ganz oder teilweise auch nur vorübergehend aufgeben, steht ihm Unterhalt nach den gesetzlichen Vorschriften zu.

IV. Schlussbestimmungen

Dieser Vertrag soll bei etwaigen Lücken, Unklarheiten oder Veränderungen in seinen Grundlagen so ausgelegt werden, wie es dem Sinn der Gesamtvereinbarung entspricht. Sollte eine Vereinbarung unwirksam sein oder werden, so ist sie durch eine wirksame Vereinbarung zu ersetzen, die dem Sinn und Zweck der weggefallenen Vereinbarung möglichst nahe kommt. Sollte eine dieser Vereinbarungen unwirksam sein oder werden, so sollen die übrigen Vereinbarungen dennoch wirksam bleiben.

Letztwillige Verfügungen wollen wir im Zusammenhang mit diesem Ehevertrag nicht treffen.

Die Notargebühren tragen wir je zur Hälfte.

Diese Niederschrift wurde den Erschienenen von dem Notar vorgelesen, von den Erschienenen genehmigt und von ihnen und dem Notar wie folgt eigenhändig unterschrieben:
Ort, Datum, Unterschriften der Beteiligten und des Notars

III. Erläuterungen

1. Formerfordernisse des Ehevertrages

Vereinbarungen zu Güterstand, Versorgungsausgleich sowie zum nachehelichen Ehegattenunterhalt bedürfen vor und während dem Bestehen der Ehe grundsätzlich der notariellen Beurkundung. Wird die notarielle Form bei der Beurkundung nicht gewahrt, schreiben die Ehegatten die Regelungen des Ehevertrages also privatschriftlich nieder, entfalten sie keinerlei rechtliche Wirkung, soweit dies vor der Rechtskraft einer etwaigen Scheidung erfolgt.

Nach rechtskräftiger Scheidung können Vereinbarungen zum Zugewinnausgleich und zum nachehelichen Ehegattenunterhalt auch formfrei, also privatschriftlich zwischen den Ehegatten getroffen werden.

Der Ehevertrag ist bei gleichzeitiger Anwesenheit beider Ehegatten zur Niederschrift des Notars zu beurkunden. Damit soll gewährleistet werden, dass beide Ehegatten von dem Notar gleichzeitig neutral über die Bedeutung und Folgen der Vereinbarung belehrt werden.

Die Ehegatten können sich zwar durch einen Bevollmächtigten vertreten lassen. Von dieser Möglichkeit sollte aufgrund der Bedeutung des Ehevertrages aber grundsätzlich kein Gebrauch gemacht werden. In der Praxis ist die Vertretung daher unüblich.

Ist ein Ehegatte noch nicht volljährig, bedarf er für den Abschluss eines Ehevertrages der Zustimmung seiner Eltern.

Das Eheleben unterliegt ständigem Wandel. Daher empfiehlt es sich, ehevertragliche Regelungen in regelmäßigen Zeitabständen darauf zu überprüfen, ob sie den persönlichen und wirtschaftlichen Verhältnissen der Ehegatten noch immer gerecht werden. Erforderlichenfalls sollte der Ehevertrag angepasst werden. Das kann auch einer Ausübungskontrolle durch ein Gericht in einem späteren Konfliktfall vorbeugen.

Da es sich um einen zweiseitigen Vertrag handelt, kann eine Aufhebung oder Abänderung nur im Einvernehmen beider Ehegatten erfolgen. Etwas anderes gilt nur dann, wenn hinsichtlich einzelner Regelungen oder hinsichtlich des gesamten Ehevertrages etwas anderes vereinbart worden ist, beispielsweise ein einseitiges Rücktrittsrecht eines Ehegatten hinsichtlich des Ausschlusses des Zugewinnausgleichs.

Auch diese Vereinbarung bedarf im Übrigen wiederum der notariellen Beurkundung.

2. Präambel

Die Präambel gibt die persönliche Situation der Ehegatten vor Vertragsschluss sowie die Motive und Ziele, die die Ehegatten mit dem Abschluss des Ehevertrages verfolgen, wieder. Diese Informationen erleichtern einem Richter im Scheidungsfall, bei einem etwaigen Streit über die einzelnen Regelungsgegenstände, die Durchführung der Wirksamkeits- und Ausübungskontrolle. Er kann anhand dieser Dokumentation besser beurteilen, ob eine Parität der Ehegatten in der Verhandlungssituation gegeben war oder ob von vorneherein eine dem Wesen der Ehe widersprechende Regelung enthalten ist, die zu einer Unwirksamkeit des Vertrages oder Teilen davon führen könnte.

In die Präambel ist daher sinnvollerweise Folgendes aufzunehmen, wenn Besonderheiten bestehen:
- Die persönlichen Verhältnisse der Ehegatten vor dem Abschluss des Ehevertrages. Das können eine Schwangerschaft der Ehefrau, gemeinsame Kinder oder die Krankheit eines der Ehegatten sein.
- Die Einkommens- und Vermögensverhältnisse der Ehegatten. Hierzu gehören Angaben, ob und in welchem Maß die Ehegatten berufstätig sind und wie sich die daraus resultierenden Einkommensverhältnisse darstellen, einer der Ehegatten eine Ausbildung oder Fortbildung betreibt oder noch durchzuführen beabsichtigt und wie sich die Altersvorsorge und die Vermögenssituation der Ehegatten darstellt.
- Angaben zur weiteren Gestaltung der Ehe und Lebensplanung. Hierher gehören ein etwaiger Kinderwunsch und die Abreden, wie nach der Geburt von Kindern die Kinderbetreuung erfolgen soll. Von besonderer Bedeutung ist dabei, ob und gegebenenfalls für welche Dauer bzw. in welchem Umfang ein Ehegatte eine etwaige Berufstätigkeit wegen der Kinderbetreuung aufgeben bzw. einschränken soll.

3. Vereinbarungen zum Güterstand

a) Grundsätzliches zum gesetzlichen Güterstand. In Ziffer I. des Ehevertrages wird der gesetzliche Güterstand der Zugewinngemeinschaft für den Fall, dass die Ehe kinderlos geschieden wird, ausgeschlossen.

Der Güterstand der Zugewinngemeinschaft wird durch die Eheschließung kraft Gesetzes begründet.

Unter Ehegatten besteht häufig die falsche Vorstellung, dass aufgrund des gesetzlichen Güterstandes der Zugewinngemeinschaft sämtliches Vermögen der Ehegatten gemeinschaftliches wird. Diese Rechtsfolge tritt jedoch nur ein, wenn ehevertraglich der Güterstand der Gütergemeinschaft vereinbart wird.

Der Güterstand der Gütergemeinschaft hat jedoch in unserer Gesellschaft nur noch geringfügige Bedeutung und wird in der Regel nur noch im Bereich der Landwirtschaft angewandt.

Tatsächlich bleiben bei der Zugewinngemeinschaft die Vermögensmassen der Ehegatten, und zwar sowohl in Bezug auf das bereits vor der Ehe als auch auf das während der Ehe erworbene Vermögen, vollständig getrennt. Durch die Eheschließung ändert sich an den Eigentumsverhältnissen zwischen den Ehegatten also praktisch nichts. Jeder ist Eigentümer dessen, was er vor der Ehe hatte und während der Ehe zu persönlichem Eigentum erwirbt.

Entscheiden sich Ehegatten, einen Gegenstand gemeinsam zu erwerben – beispielsweise eine Immobilie –, entsteht zwar gemeinschaftliches Eigentum der Ehegatten. Diese Rechtsfolge würde aber auch eintreten, wenn nicht miteinander verheiratete Paare aufgrund eines gemeinsamen Entschlusses eine Immobilie gemeinschaftlich kaufen würden.

Die konsequente Trennung der Vermögensmassen bei der Zugewinngemeinschaft führt auch dazu, dass ein Ehegatte für die Verbindlichkeiten, die ein anderer Ehegatte eingeht, grundsätzlich nicht haftet.

Also besteht auch kein unmittelbares Haftungsrisiko eines Ehegatten aus der unternehmerischen oder freiberuflichen Tätigkeit des anderen Ehegatten.

Eine Ausnahme von diesem Grundsatz stellen lediglich wirtschaftlich weniger bedeutsame Zahlungsverpflichtungen dar, die eingegangen werden, um den laufenden Lebensbedarf der Familie zu decken, wie beispielsweise den Kauf von Lebensmitteln auf Kredit. Dafür haften beide Ehegatten kraft Gesetzes trotz der im Übrigen geltenden Trennung der Vermögen.

Eine Einschränkung dieser Vermögensautonomie während der Ehe im Rahmen des gesetzlichen Güterstandes erfahren die Ehegatten allerdings dadurch, dass sie nicht ohne Zustimmung des anderen Ehegatten über ihr Vermögen als Ganzes oder zumindest über den ganz wesentlichen Teil verfügen dürfen.

Diese Einschränkung hat insbesondere im Immobilienbereich Bedeutung: Ein Ehegatte kann eine Immobilie gegen den Widerspruch des anderen Ehegatten nicht wirksam veräußern, wenn diese sein wesentliches Vermögen oder zumindest 80 bis 90 % des Wertes seines Gesamtvermögens darstellt.

Die Zugewinngemeinschaft gewinnt damit im Wesentlichen erst zum Zeitpunkt der Beendigung des Güterstandes Bedeutung. Sie endet
- mit dem Tod eines Ehegatten,
- bei Scheidung der Ehe,
- bei einer Klage auf vorzeitigen Ausgleich des Zugewinns, mithin bevor die Einreichung eines Scheidungsantrags zulässig ist sowie mit
- Abschluss eines Ehevertrages nach der Eheschließung, mit dem der Güterstand der Zugewinngemeinschaft eingeschränkt oder aufgehoben wird, dem ehevertraglichen Ausschluss des Versorgungsausgleichs, mit dem kraft Gesetzes Gütertrennung eintritt, soweit dieser gesetzliche Automatismus nicht ausdrücklich ausgeschlossen wird.

Die Rechtsfolgen bei Tod und bei Scheidung bzw. vertraglicher Beendigung des Güterstandes unterscheiden sich. Bei einer Scheidung wird der dann durchzuführende so genannte Zugewinnausgleich in folgender Weise vollzogen:

Es wird zunächst festgestellt, wie viel Vermögen der jeweilige Ehegatte während der Ehezeit hinzugewonnen hat.

Das wird festgestellt, indem man die Differenz zwischen dem sog. Anfangsvermögen (Vermögenswert am Tag der Eheschließung) und Endvermögen (Tag der Zustellung der Scheidungsantragsschrift) ermittelt.

Der jeweilige Wert des hinzugewonnenen Vermögens der Ehegatten wird in einem zweiten Schritt gegenübergestellt. Der Ehegatte, dessen Vermögen sich mehr erhöht hat, ist dem anderen Ehegatten zum Ausgleich der Hälfte der Wertdifferenz verpflichtet. Die Differenz ist durch Zahlung des entsprechenden Geldbetrages auszugleichen.

Der Gesetzgeber wollte mit dieser Regelung die gemeinsame Lebensleistung der Ehegatten in der Ehezeit beiden gleichermaßen zugute kommen lassen. Zudem wurde mit der Regelung der Tatsache Rechnung getragen, dass aufgrund der falschen Vorstellung von Ehegatten, während der Ehe erworbenes Vermögen werde immer gemeinsames Vermögen und es deshalb oft der reinen Zufälligkeit unterliegt, auf wessen Namen Vermögen gebildet wird. Daraus resultierende Ungerechtigkeiten sollen durch die gesetzliche Regelung vermieden werden. Die Regelung soll einen Interessenausgleich bei Beendigung des Güterstandes schaffen.

Um Streit über die Feststellung des Anfangsvermögens zu vermeiden, dessen Stichtag bereits viele Jahre zurückliegen kann, ist es den Ehegatten zu empfehlen, über das Vermögen zum Zeitpunkt der Eheschließung ein Bestandsverzeichnis zu errichten. Das kann später Beweisprobleme vermeiden.

Bei der Vermögenserfassung zu den vorgenannten Stichtagen, sowohl zum Anfangs-, als auch zum Endvermögen, sind sämtliche Aktiv- und Passivvermögenspositionen, also auch Verbindlichkeiten zu berücksichtigen.

Beim Aktivvermögen sind alle nur denkbaren Vermögenspositionen zu bewerten. Das sind beispielhaft:
– Grundvermögen
– Bausparguthaben
– Bank- und/oder Sparguthaben
– Guthaben auf dem Girokonto
– Bargeld
– Kapitallebensversicherungen
– Antiquitäten/Gemälde
– Schmuck/Pelze
– Wertpapiere
– Münzsammlung
– Kunstsammlung
– Fotoausrüstung bzw. andere einem Hobby dienende Gegenstände
– Tiere (z.B. wertvolle Reitpferde)
– PKW, wenn er überwiegend allein genutzt worden ist (z.B. zur Berufsausübung; Oldtimer)
– am Stichtag bereits fällige Ansprüche, z.B. auf Schadenersatz, Unterhalt, Abfindung, Nachzahlung z.B. von Renten (Auszahlenlassen von BfA/LVA-Anwartschaften bei Heirat)
– sonstige Anwartschaftsrechte
– Nießbrauchsrecht
– beschränkt persönliche Dienstbarkeit
– Beteiligungsrechte (GmbH, KG, OHG etc.)
– Praxiswert einschließlich Goodwill bei Selbständigen.

Bei dem Passivvermögen kommen beispielhaft folgende Positionen in Betracht:
– Bankkredite
– Privatkredite
– Steuerschulden

- Unterhaltsrückstände.

Das Anfangsvermögen ist aufgrund des Kaufkraftverlustes von Geld (Inflation) im Wert anzupassen (Indexierung), damit der Wert des Vermögens zum Zeitpunkt der Eheschließung mit dem Wert des Vermögens am Ende der Ehe vergleichbar ist.

Da nur die gemeinsame Lebensleistung der Ehegatten ausgeglichen werden soll, unterliegen die Vermögenswerte nicht dem Zugewinnausgleich, die ein Ehegatte während der Ehe von Dritten – also nicht von seinem Ehegatten – geschenkt bekommt oder ererbt hat.

Gesetzestechnisch wird daher der Wert des geschenkten oder ererbten Vermögens zum Anfangsvermögen hinzuaddiert.

Aufgrund des Kaufkraftschwundes von Geld ist der Wert des Vermögens zum Zeitpunkt der Schenkung inflationsbereinigt in Ansatz zu bringen. Die so genannte Indexierung des Anfangsvermögens bzw. der Erbschaften und Schenkungen erfolgt nach folgenden Formeln:

Das Anfangsvermögen wird wie folgt indexiert:

$$\frac{\text{Anfangsvermögen} \times \text{Verbraucherpreisindex für Deutschland zum Endstichtag}}{\text{Verbraucherpreisindex für Deutschland zum Anfangsstichtag}}$$

Schenkungen und Erbschaften werden wie folgt indexiert:

$$\frac{\text{Wert der Schenkung oder Erbschaft} \times \text{Verbraucherpreisindex für Deutschland zum Endstichtag}}{\text{Verbraucherpreisindex für Deutschland zum Erwerbszeitpunkt}}$$

Beispiel:
1. Anfangsvermögen 10.7.1990 (Tag der Eheschließung)
Am Anfang der Ehe hatte der Ehemann ein Sparguthaben in Höhe von EUR 5.000,00 und einen Pkw im Wert von EUR 1.000,00. Die Ehefrau hatte einen Bausparvertrag mit einem Betrag in Höhe von EUR 7.000,00 angespart, im Übrigen kein weiteres Vermögen, aber auch keine Schulden. Der Tag der Zustellung der Scheidungsantragsschrift war der 25.9.2008.

⇨ Ehemann

Sparguthaben	EUR	5.000,00
Pkw	EUR	1.000,00
Summe:	EUR	6.000,00
Wert indexiert zum 25.9.2008:		
EUR 6.000,00 x 107,2 : 74,8	EUR	8.598,93

⇨ Ehefrau

Bausparguthaben	EUR	7.000,00
Wert indexiert zum 25.9.2008:		
EUR 7.000,00 x 107,2 : 74,8	EUR	10.032,08

2. Endvermögen 25.9.2008 (Tag der Zustellung der Scheidungsantragsschrift)
Am Ende der Ehe stellt sich das Vermögen der Ehegatten wie folgt dar:
⇨ Ehemann

Hälftiger Miteigentumsanteil Immobilie	EUR	100.000,00
Wert eines PKW	EUR	30.000,00

Wert einer Lebensversicherung	EUR	30.000,00
Wert eines Motorrades	EUR	15.000,00
Abzgl. Restkredit Motorrad	– EUR	5.000,00
Saldo	EUR	170.000,00

⇨ Ehefrau

Hälftiger Miteigentumsanteil Immobilie	EUR	100.000,00
Wert eines PKW	EUR	15.000,00
Wert Fonds-Sparplan	EUR	15.000,00
Summe	EUR	130.000,00

3. Ermittlung des Zugewinnausgleichsanspruchs
⇨ Ehemann
EUR 170.000,00 Endvermögen – EUR 8.598,93 Anfangsvermögen = EUR 161.401,07 hinzugewonnenes Vermögen
⇨ Ehefrau
EUR 130.000,00 Endvermögen – EUR 10.032,08 Anfangsvermögen = EUR 119.967,92 hinzugewonnenes Vermögen

Damit ergibt sich, dass der Ehemann EUR 41.433,15 (EUR 161.401,07 abzüglich EUR 119.967,92) mehr an Vermögen erworben hat als die Ehefrau.

Er ist aufgrund der Regelungen des Zugewinnausgleichs verpflichtet, seiner Ehefrau die Hälfte der Differenz, mithin einen Betrag in Höhe von (EUR 41.433,15 : 2) EUR 20.716,57 in Geld auszugleichen.

Dieser Anspruch wird mit Rechtskraft der Scheidung fällig und damit zahlbar.

Das Gesetz sieht nur in absoluten Ausnahmefällen einen Anspruch auf Stundung des Ausgleichsbetrages zugunsten des Zahlungspflichtigen vor.

Erfährt ein geschenkter oder ererbter Vermögensgegenstand einen über der Inflation liegenden Wertzuwachs, unterfällt dieser allerdings dem Zugewinnausgleich.

Beispiel: Die Ehefrau erbt am 10.06.1998 eine Immobilie in einer ländlichen Gegend mit schlechter Verkehrsanbindung mit einem Wert von EUR 100.000,00.

Die Scheidung wird am 25.09.2008 eingereicht.

Die Schenkung wird im Jahr 2008 aufgrund der inflationsbedingten Wertbereinigung im Endvermögen mit einem Betrag in (EUR 100.000,00 x 107,2 : 91,8) EUR 117.543,84 ins Anfangsvermögen eingestellt.

Im Jahr 2000 wurde die Gemeinde durch den Bau einer Autobahn und einer entsprechenden Ausfahrt verkehrstechnisch besser an ein Ballungszentrum angebunden mit der Folge, dass die Grundstückspreise in der Gemeinde erheblich gestiegen sind.

Beträgt aufgrund dessen der Immobilienwert am 25.09.2008 nunmehr EUR 200.000,00, wirkt sich die Differenz (EUR 82.456,16) zwischen dem indexierten Wert der Schenkung und dem Verkehrswert zum Zeitpunkt der Zustellung der Scheidungsantragsschrift bei der Zugewinnausgleichsberechnung wie anderer Vermögenserwerb aus.

Gleiches gilt für Wertsteigerungen, die beispielsweise dadurch ausgelöst werden, dass Ackerland zu Bauland wird oder eine Immobilie aufgrund von Investitionen im Wert gesteigert wird.

Beispiel: Die Grundlagen entsprechen dem letzten Beispiel unter Berücksichtigung der vorstehend geschilderten Erbschaft.
Damit würde sich folgende Berechnung des Zugewinns ergeben:
1. Anfangsvermögen und Erbschaft einschließlich Indexierung:
⇨ Ehemann
Wert indexiert zum 25.09.2008:
EUR 6.000,00 x 107,2 : 74,8   EUR   8.598,93
⇨ Ehefrau
Wert indexiert zum 25.09.2008:
Anfangsvermögen
EUR 7.000,00 x 107,2 : 74,8   EUR   10.032,08
Erbschaft
EUR 100.000,00 x 107,2 : 91,8   EUR 117.543,84
Summe Anfangsvermögen   EUR 127.575,92

2. Endvermögen der Ehegatten:
⇨ Ehemann

Hälftiger Miteigentumsanteil Immobilie	EUR 100.000,00
Wert eines PKW	EUR 30.000,00
Wert einer Lebensversicherung	EUR 30.000,00
Wert eines Motorrades	EUR 15.000,00
Abzgl. Restkredit Motorrad	− EUR 5.000,00
Saldo	EUR 170.000,00

⇨ Ehefrau

Hälftiger Miteigentumsanteil Immobilie	EUR 100.000,00
Ererbte Immobilie	EUR 200.000,00
Wert eines PKW	EUR 15.000,00
Wert Fonds-Sparplan	EUR 15.000,00
Summe	EUR 330.000,00

3. Ermittlung des Zugewinnausgleichsanspruchs
⇨ Ehemann
EUR 170.000,00 Endvermögen − EUR 8.598,93 Anfangsvermögen =
EUR 161.401,07 hinzugewonnenes Vermögen
⇨ Ehefrau
EUR 330.000,00 Endvermögen − EUR 127.575,92 Anfangsvermögen einschließlich Erbschaft = EUR 202.424,08 hinzugewonnenes Vermögen

Die Ehefrau hat (EUR 202.424,08 − EUR 161.401,07) EUR 41.023,01 mehr Vermögen während der Ehe hinzugewonnen, so dass sie ihrem Ehemann in Höhe der Hälfte dieser Differenz, mithin in Höhe von EUR 20.511,50 zum Ausgleich verpflichtet ist.

Ein Zugewinnausgleich findet nur dann statt, wenn beide oder einer von beiden Ehegatten während der Ehe Vermögen hinzugewonnen hat. Soweit beide Ehegatten während der Ehe kein Vermögen gebildet oder Vermögen verloren haben, findet insoweit kein Ausgleich statt.

Diese Situation kann sich etwa ergeben, weil einer der Ehegatten geschäftlichen Misserfolg während der Ehe hat, der zur Entwertung oder sogar dem Zusammenbruch des in die Ehe eingebrachten Unternehmens führt.

Die Immobilienpreise können ein im Vergleich zum Zeitpunkt der Eheschließung niedriges Niveau haben und mit einem Wertverfall einhergehen, der sich durch den Gebrauch der Immobilie ergibt, dem keine ausreichenden Erhaltungsmaßnahmen gegenüberstehen.

Auch der Verlust von Vermögen aufgrund falscher Anlagestrategie im Börsensektor kann ein Grund für den Vermögensverlust während der Ehe sein, wenn die Verluste nicht durch die Vermögensbildung aus dem laufenden Einkommen kompensiert werden können.

Beispiel: Die Grundlagen entsprechen dem Beispiel von Seite 19 mit folgender Änderung: Während der Ehe wird die ererbte Immobilie der Ehefrau ständig vermietet, ohne dass die dringend notwendigen Erhaltungsmaßnahmen erfolgen. Durch das Wohngebiet, in dem die Immobilie liegt, führt eine Straße, die das Umland an ein großes, im Jahr 2000 eröffnetes Möbelhaus anbindet. Dadurch ist der Verkehrslärm in diesem Gebiet erheblich gestiegen, mit der Folge, dass die Mieten und damit auch der Wert der Immobilien in diesem Gebiet gesunken sind. Die ererbte Immobilie der Ehefrau hat zum Stichtag für das Endvermögen am 25.09.2008 infolgedessen lediglich noch einen Wert von EUR 85.000,00.

Die Differenz zwischen dem indexierten Wert der Erbschaft im Jahr 1995 und dem realen Wert der Immobilie im Jahr 2008 (EUR 117.543,84 abzgl. EUR 85.000,00, mithin EUR 32.543,84) stellt einen Wertverlust dar.

Damit würde sich in Abänderung des vorstehenden Beispiels folgende Berechnung des Zugewinns ergeben:

⇨ Ehemann
Wert indexiert zum 25.09.2008:
EUR 6.000,00 x 107,2 : 74,8   EUR   8.598,93
⇨ Ehefrau
Wert indexiert zum 25.09.2008:
1. Anfangsvermögen
EUR 7.000,00 x 107,2 : 74,8   EUR   10.032,08
Erbschaft
EUR 100.000,00 x 107,2 : 91,8)   EUR   117.543,84
Summe Anfangsvermögen   EUR   127.575,92

2. Endvermögen der Ehegatten:
⇨ Ehemann
Hälftiger Miteigentumsanteil Immobilie   EUR   100.000,00
Wert eines PKW   EUR   30.000,00
Wert einer Lebensversicherung   EUR   30.000,00
Wert eines Motorrades   EUR   15.000,00
Abzgl. Restkredit Motorrad   – EUR   5.000,00

Saldo	EUR 170.000,00

⇨ Ehefrau

Hälftiger Miteigentumsanteil Immobilie	EUR 100.000,00
Ererbte Immobilie	EUR 85.000,00
Wert eines PKW	EUR 15.000,00
Wert Fonds-Sparplan	EUR 15.000,00
Summe	EUR 215.000,00

3. Ermittlung des Zugewinnausgleichsanspruchs
⇨ Ehemann
EUR 170.000,00 Endvermögen – EUR 8.598,93 Anfangsvermögen = EUR 161.401,07 hinzugewonnenes Vermögen
⇨ Ehefrau
EUR 215.000,00 Endvermögen – EUR 127.575,92 Anfangsvermögen einschließlich Erbschaft = EUR 87.424,08 hinzugewonnenes Vermögen
Der Ehemann hat (EUR 161.401,07 – 87.424,08) EUR 73.976,99 mehr Vermögen während der Ehe hinzugewonnen als seine Ehefrau, so dass er seiner Ehefrau in Höhe der Hälfte dieser Differenz, mithin in Höhe von EUR 36.988,49 zum Ausgleich verpflichtet ist.

> Hat ein Ehegatte am Anfang der Ehe so viele Schulden, dass sich ein negatives Anfangsvermögen ergibt, wird aufgrund der gesetzlichen Regelungen die Entschuldung wie Vermögensbildung behandelt.

Gesetzestechnisch wird dies dadurch erreicht, dass – anders als bis zur geplanten Reform des Zugewinnausgleichs im Jahr 2009 – das so genannte Anfangsvermögen auch negativ sein kann.

Beispiel: (Werte des Anfangsvermögens bereits indexiert)
⇨ Ehemann

PKW, Wert	EUR 4.000,00
Schuldverbindlichkeit aus gescheiterter Selbständigkeit	EUR 80.000,00
Differenz	– EUR 76.000,00
Anfangsvermögen kraft Gesetzes:	EUR – 76.000,00

⇨ Ehefrau

Sparguthaben	EUR 6.000,00
Bausparvertrag	EUR 20.000,00
PKW	EUR 5.000,00
Summe	EUR 31.000,00

Die Ehegatten haben den Kredit des Ehemannes zurückgeführt, wobei beide erwerbstätig waren und die Ehefrau ihre ansonsten mögliche Vermögensbildung zurückgestellt hat.
Um die Zinslast aus dem Kredit zu mindern, wurde zur Tilgung der Verbindlichkeiten des Ehemannes zudem das Bausparvermögen der Ehefrau aufgelöst. Nach Rückführung der Verbindlichkeiten haben beide Ehegatten dann Geld angespart.

Endvermögen Ehemann
PKW	EUR	7.000,00
Pfandbriefe	EUR	7.000,00
Summe	EUR	14.000,00

Endvermögen Ehefrau
PKW	EUR	8.000,00
Sparvermögen	EUR	5.000,00
Summe	EUR	13.000,00

Vermögenszuerwerb Ehemann:
Der Ehemann ist in Höhe der vollständigen ursprünglichen Verbindlichkeiten entschuldet worden und hat Vermögen gebildet. Aus der Summe der beiden Beträge ergibt sich der Vermögenszugewinn, also EUR 92.000,00.

Die Ehefrau hat während der Ehe Vermögen im Wert von EUR 18.000,00 eingebüßt, mithin kein Vermögen hinzugewonnen.

Dieser Verlust wird auf der Grundlage der gesetzlichen Regelungen im Rahmen des Zugewinnausgleichs nicht berücksichtigt.

Damit besteht ein Zugewinnausgleichsanspruch der Ehefrau nur aufgrund des durch den Ehemann hinzugewonnenen Vermögens. Der Zugewinnausgleichsanspruch der Ehefrau beträgt damit (1/2 der Differenz zwischen EUR 92.000,00 und EUR 0,00) in Höhe von EUR 46.000,00.

Würde auch der Verlust der Ehefrau beim Zugewinnausgleich berücksichtigt werden, würde der Zugewinnausgleichsanspruch EUR 55.000,00 betragen.

b) Ausschluss des Zugewinnausgleichs. Der Formulierungsvorschlag im Vertragsmuster für die Regelung des Güterstandes gewährleistet für die Zeit, in der keine Kinder aus der Ehe hervorgehen, dass die Eigenständigkeit der Ehegatten hinsichtlich ihrer Vermögensverhältnisse wie vor der Eheschließung gewahrt bleibt.

Während des Zusammenlebens profitieren beide Ehegatten von den beiderseitigen Einkünften sowie dem Vermögen und den daraus resultierenden Erträgen. Nach einer Scheidung ist dann jeder Ehegatte wieder auf sich gestellt, ohne dass ein Ausgleich erfolgt.

Für den Fall, dass Kinder aus der Ehe hervorgehen, entsteht das Problem, dass derjenige, der die Kinder unter Verzicht auf sein berufliches Fortkommen betreut, Nachteile im Bereich der Vermögensbildung hätte. Daher sieht der Vertragsentwurf vor, dass der Zugewinnausgleich ab diesem Zeitpunkt durchzuführen ist.

In der Regel empfiehlt es sich auch nicht, diese Vereinbarung zeitlich auf die Zeit der Kinderbetreuung zu begrenzen, wenn diese nicht nur für einen verhältnismäßig geringen Zeitraum zur Unterbrechung der Erwerbstätigkeit führt.

Die Unterbrechung oder Herabsetzung der Erwerbstätigkeit vermindert nämlich nicht nur in diesem Zeitraum die erzielbaren Einkünfte und damit die Vermögensbildung.

Aufgrund der daraus resultierenden Benachteiligung bei der Entwicklung der beruflichen Perspektiven, hat diese auch auf Dauer negative Auswirkungen auf die Möglichkeit, sich beruflich weiter zu entwickeln, seine Einkünfte in der Folge zu erhöhen und dann Vermögen zu bilden.

c) Eintritt der Bedingung für die Zugewinngemeinschaft durch Rücktritterklärung. Soweit die Ehegatten nicht wünschen, dass der Ausschluss des Zugewinnausgleichs mit der Geburt eines Kindes automatisch entfällt, kann diese Rechtsfolge auch von einer ausdrücklichen Erklärung eines der Ehegatten abhängig gemacht werden.

Es kann ehevertraglich vereinbart werden, dass ein Ehegatte berechtigt ist, von dem Ausschluss des Zugewinnausgleichs zurückzutreten, wenn ein gemeinsames Kind geboren worden ist. Diese Widerrufserklärung sollte allerdings in notarieller Form abzugeben und dem anderen Ehegatten zuzustellen sein.

> **Formulierungsbeispiel:** (1. Absatz wie im Ehevertrag, 2. Absatz wie folgt:)
> Die Ehefrau ist berechtigt, von der Vereinbarung über den Ausschluss des Zugewinnausgleichs nach der Geburt eines gemeinschaftlichen Kindes zurückzutreten. Die Erklärung des Rücktritts bedarf der notariellen Beurkundung. Sie wird mit Zugang beim Ehemann wirksam. Das Rücktrittsrecht ist nicht befristet.

d) Ergänzende Regelungen zum Güterstand der Zugewinngemeinschaft. Eine ganze Reihe von weiteren Regelungen für die Zugewinngemeinschaft ist nützlich und im Einzelfall zu bedenken:

Vereinbarung bei wesentlichem Einkommensgefälle/Verschwendungssucht eines Ehegatten: Ein Korrekturbedarf für die gesetzlichen Regelungen kann auch bestehen, wenn zwischen den Ehegatten beispielsweise ausbildungsbedingt ein erhebliches Einkommensgefälle mit der Folge besteht, dass einer der Ehegatten aufgrund dessen wesentlich mehr Vermögen aus seinem Einkommen bilden könnte als der andere.

Die bessere Ausbildung eines Ehegatten ist nur selten eine Folge aus dem ehelichen Zusammenleben und damit in der Regel keine gemeinsame Lebensleistung. Es erscheint daher nicht unbedingt geboten, den Ehegatten mit dem geringeren Einkommen für den Fall der Scheidung der Ehe an der Vermögensbildung des anderen Ehegatten uneingeschränkt teilhaben zu lassen.

Aber auch der Fall, dass einer der Ehegatten verschwenderisch mit seinem Einkommen umgeht, während der andere Ehegatte eher zum Sparen neigt, kann dazu führen, dass der Sparsame im Ergebnis dem Verschwenderischen für den Fall der Scheidung zum Ausgleich verpflichtet ist. Hier können Korrekturen erforderlich sein.

In diesen Fällen kommt die Vereinbarung der Gütertrennung für den Fall der Scheidung in Betracht, um so den Ausgleich des hinzugewonnenen Vermögens zu vermeiden.

Gehen keine Kinder aus der Ehe hervor und sind beide Ehegatten auch nach Eheschließung Vollzeit erwerbstätig, hat es jeder der Ehegatten dann in der Hand, nach seiner persönlichen Leistungsfähigkeit und seinen persönlichen Vorstellungen Vermögen zu bilden.

Während dem Zusammenleben profitieren dennoch praktisch beide Ehegatten von den gegebenen Einkommensverhältnissen durch das Zusammenleben und die daraus gemeinsam gestaltete Lebensgemeinschaft und den Konsum.

Gehen Kinder aus der Ehe hervor, kann die Ausgleichsquote verändert werden oder der Anspruch mit einem Festbetrag bestimmt werden:

Veränderung der Ausgleichsquote: Besteht ein von vorneherein vorauszusehendes Einkommensgefälle zwischen den Ehegatten, kann man die gesetzliche Ausgleichsquote von 1/2 beispielsweise auf 1/3 der Differenz des hinzugewonnenen Vermögens verändern.

Eine solche Regelung kommt auch dann in Betracht, wenn von vornherein aufgrund der Vermögensstruktur der Ehegatten voraussehbar ist, dass der ausgleichspflichtige Ehegatte eine höhere Ausgleichsquote nicht ohne Zerschlagung von Vermögen finanzieren könnte.

Das kann zum Beispiel dann der Fall sein, wenn das Vermögen im Wesentlichen durch ein Unternehmen repräsentiert wird, das zwar wertvoll ist, aus dem jedoch keine entsprechende Liquidität zu einer Ausgleichszahlung abgezogen werden kann. Gleiches kann gelten, wenn das Vermögen im Wesentlichen aus Immobilien (sog. Betongeld) besteht.

> **Formulierungsbeispiel für die Vereinbarung einer abweichenden Ausgleichsquote:** Die Erschienenen vereinbaren für die Ermittlung des Zugewinnausgleichsanspruchs eine von der gesetzlichen Ausgleichsquote von ½ abweichende Ausgleichsquote in Höhe von 1/3.

Vereinbarung eines Höchstbetrages für eine Ausgleichszahlung: Ist voraussehbar, welcher Ehegatte dem anderen am Ende der Ehe ausgleichspflichtig sein wird, kann von vornherein ein Höchstbetrag für die Ausgleichszahlung vereinbart werden, der auch gestaffelt werden kann, z.B. orientiert an der Ehedauer.

Beispiel: Für den Fall der Scheidung wird eine Zugewinnausgleichszahlung in Höhe von EUR 20.000,00 vereinbart. Wird die Ehe nach einer Ehedauer von mehr als fünf Jahren geschieden, erhöht sich der Anspruch auf Ausgleich des Zugewinns jährlich um EUR 5.000,00.

Ausgestaltung der gesetzlichen Regelungen zum Zugewinnausgleich: Ist der Zugewinnausgleich grundsätzlich gewünscht, oder wie in dem vorstehenden Muster wegen der Geburt eines Kindes vorgesehen, kann es in Betracht kommen, folgende weitere Modifikationen des Zugewinnausgleichs ehevertraglich vorzunehmen:

Stichtagsregelung zum Endvermögen: Maßgebend für die Ermittlung des Endvermögens ist der Tag der Zustellung der Scheidungsantragsschrift. Ein

Scheidungsantrag ist erst zwölf Monate nach Trennung der Ehegatten zulässig. Damit besteht die Gefahr, dass ein Ehegatte versucht, seinen Endvermögensstand zu manipulieren, nachdem er von der Trennung erfahren hat.

Um dieser Gefahr zu begegnen, kann ehevertraglich ein abweichender Stichtag für die Ermittlung des Endvermögens vereinbart werden, beispielsweise der Tag der Zustellung eines anwaltlichen Schriftsatzes, der die Trennungsabsicht beinhaltet.

> **Formulierungsbeispiel:** Die Ehegatten sind darüber einig, dass als Stichtag für die Berechnung des Endvermögens abweichend von der gesetzlich vorgesehenen Rechtshängigkeit eines Scheidungsantrags der Tag maßgebend sein soll, an dem ein Ehegatte dem anderen nachweisbar durch einen Brief eines Rechtsanwalts mitteilt, dass er getrennt lebt.

Bewertungsvereinbarung: Sind im Vermögen der Ehegatten bewertungsbedürftige Gegenstände, beispielsweise Unternehmen, Unternehmensbeteiligungen oder Immobilien, kann ehevertraglich vereinbart werden, nach welchen Prinzipien und durch welche Stelle eine Bewertung des Vermögensgegenstandes für beide Ehegatten verbindlich eingeholt werden soll.

> **Formulierungsbeispiel bei Immobilienvermögen:** Für die Beendigung des Güterstandes unter Lebenden wird vereinbart, dass Grundbesitz durch den Gutachterausschuss der betreffenden Gemeinde verbindlich und endgültig zu schätzen ist. Der Gutachterausschuss ist von beiden Ehegatten zu beauftragen. Die Kosten für die Bewertung tragen die Ehegatten zu ½. Steht ein Gutachterausschuss nicht zur Verfügung, so bestimmt die örtliche Industrie- und Handelskammer auf Veranlassung eines Ehegatten einen Grundstückssachverständigen als Schätzer. Dessen Bewertung ist dann für die Ehegatten verbindlich.

> **Formulierungsbeispiel bei der Unternehmensbewertung:** Die Bewertung von unternehmerischem Vermögen im Zugewinnausgleich erfolgt verbindlich durch einen Schiedsgutachter, den die örtliche Industrie- und Handelskammer auf Antrag eines Ehegatten bestimmt.
> Der Gutachter hat sich bei der Bewertung an dem Fachgutachten des Instituts der Wirtschaftsprüfer Düsseldorf (IDW S1) in seiner zum Stichtag der Endvermögensfeststellung gültigen Fassung auszurichten. Von dem sich durch diese Bewertung ergebenden Gesamtwert ist die fiktive Steuer für den Fall der sofortigen Veräußerung in Abzug zu bringen. Sodann ist ein weiterer Abschlag in Höhe von 10 % von dem dann verbleibenden Wert vorzunehmen, um dem Fortführungsrisiko des Unternehmens Rechnung zu tragen. Der sich dann ergebende Betrag ist in das Endvermögen einzustellen.

Damit können langwierige und kostenintensive Streitigkeiten über die Frage vermieden werden, ob eine Bewertung zutreffend ist.

Ausschluss einzelner Vermögensgegenstände aus dem Zugewinnausgleich: Im unternehmerischen Bereich kann es sinnvoll sein, dieses Vermögen zum Schutz des Fortbestandes des Unternehmens und den damit im Zusammenhang stehenden Arbeitsverhältnissen aus dem Zugewinnausgleich herauszunehmen. Gleiches gilt für Immobilien.

Beide Vermögenswerte – Unternehmen und Immobilien –, die bereits im Anfangsvermögen vorhanden waren, können sich beim Zugewinnausgleich für den anderen Ehegatten positiv auswirken, wenn der Wert des Unternehmens oder der Immobilien während der Ehe erheblich steigt.

Der daraus bei Scheidung resultierende Ausgleichsanspruch wird durch die Ehegatten, aber auch durch die Eltern, von denen das Vermögen oft stammt oder durch nahe Verwandte, als ungerecht empfunden. Letztere meinen häufig, dass es sich dabei um Familienvermögen handelt, das auch ausschließlich der Familie zugute kommen sollte.

Würde im Hinblick auf diese Interessenlage aber pauschal die Gütertrennung vereinbart werden bzw. der Ausschluss des Zugewinns für den Fall der Beendigung des Güterstandes durch Scheidung, würde der andere Ehegatte aber auch des übrigen Vermögenszuwachses beraubt, der während der Ehe erzielt worden ist. Er würde auch von der Teilhabe an der tatsächlichen gemeinsamen Lebensleistung abgeschnitten werden. Auch das erscheint ungerecht.

Daher sollte die Möglichkeit erwogen werden, dieses Vermögen gegenständlich aus dem Zugewinnausgleich herauszunehmen. Dieser im ersten Augenblick logisch erscheinende Gestaltungsansatz ist jedoch nicht unproblematisch: Wird nämlich ein Unternehmen oder eine Immobilie, die bereits zu Beginn der Ehe vorhanden war, ausgebaut, würden diese Mittel ebenfalls dem Zugewinnausgleich entzogen, obwohl es sich insoweit um Mittel handeln könnte, die aus einer gemeinsamen Lebensleistung der Ehegatten resultieren. Hier ist ein Interessenausgleich zu schaffen. Insbesondere ist der Gefahr der Manipulation vorzubeugen. Nimmt man entsprechendes Vermögen aus dem Zugewinnausgleich aus, bestünde nämlich die Möglichkeit, dass der Eigentümer sein gesamtes übriges freies Vermögen in dieses Vermögen investiert. Damit wäre auch der Wert der Investitionen im Fall einer Scheidung im Ergebnis dem Zugewinnausgleich entzogen.

Wird also ein Unternehmen oder eine Immobilie gegenständlich aus dem Zugewinnausgleich ausgenommen, sind folgende flankierende Regelungen zu erwägen:
– Berücksichtigung gegenstandsbezogener Verbindlichkeiten
– Verwendung der Erträge aus dem Vermögensgegenstand
– Berücksichtigung der aus einem Verkaufserlös des Vermögensgegenstandes erworbenen Ersatzgegenstände
– Berücksichtigung von Investitionen in den Vermögensgegenstand
– Soll der Ehegatte überhaupt zugewinnausgleichsberechtigt sein, dessen Vermögensgegenstand ausgenommen worden ist?

Berücksichtigung gegenstandsbezogener Verbindlichkeiten: Häufig werden für den Kauf oder die Sanierung eines Unternehmens oder einer Immobilie Kredite aufgenommen. Diese sollten ebenso wie der Gegenstand selbst aus dem Anfangs- und Endvermögen ausgeklammert werden, da sie sonst das übrige ausgleichspflichtige Vermögen verringern würden.
Verwendung der Erträge aus dem Vermögensgegenstand: Es ist eine Regelung zu treffen, wie mit den Erträgen (Gewinne, Miete, Pacht) des Vermögensgegenstandes zu verfahren ist. Es bestehen hier im Wesentlichen drei Lösungsmodelle.

Modell 1:
Die Erträge werden insgesamt ebenfalls aus dem Zugewinnausgleich herausgenommen. Nach außen dokumentiert wird dies dadurch, dass die Erträge vollständig auf ein besonders zu bezeichnendes Konto fließen, welches ebenfalls aus dem Zugewinnausgleich herausgenommen wird.

Modell 2:
Es wird vereinbart, dass lediglich ein bestimmter Anteil der Gewinne für die Erhaltung und den Betrieb des Unternehmens oder der Immobilie verwendet wird, der separat durch den Ehegatten verwaltet wird. Der übrige Ertrag wird, soweit er bei Eheende noch vorhanden ist, dem Zugewinn zugerechnet.
  Diese beiden Modelle sind in der Praxis jedoch kaum handhabbar. Es empfiehlt sich daher, eine pauschale Regelung zu finden.

Modell 3:
Dies kann so aussehen, dass der Ertrag grundsätzlich dem Zugewinn entzogen und separat verwaltet wird. Soweit jedoch von dem separaten Konto Gelder abgehoben und für den Familienunterhalt verwendet werden, verbleibt es bei dieser Zweckbestimmung.
  Der Ehegatte, der diese Entscheidung trifft, kann damit selbst das Schicksal der Erträge insoweit steuern. Er muss dann aber auch die entsprechenden Konsequenzen tragen.
Berücksichtigung der aus einem Verkaufserlös des Vermögensgegenstandes erworbenen Ersatzgegenstände: Im Laufe einer Ehe kann der Vermögensgegenstand veräußert und der Veräußerungserlös anderweitig angelegt werden. Es sollte klargestellt werden, dass auch diese Ersatzgegenstände dem Zugewinnausgleich nicht unterliegen.
  Um späteren Unklarheiten und Streitigkeiten vorzubeugen, sollte ehevertraglich zudem vereinbart werden, dass die Ersatzgegenstände durch ein notarielles Verzeichnis zeitnah bezeichnet werden.
  Alternativ kann auch vereinbart werden, dass für den Fall der Veräußerung des Vermögensgegenstandes die gegenständliche Herausnahme des entsprechenden Gegenstandes entfällt, womit freilich die ursprüngliche Intention der Privilegierung nachträglich vereitelt werden würde.
Investitionen in den Vermögensgegenstand: Besondere Probleme ergeben sich hinsichtlich der Berücksichtigung der Investitionen in den Vermögens-

gegenstand. Hier sind insbesondere die Erhaltungsaufwendungen aber auch die Investitionen, die zu einer Wertsteigerung führen, zu nennen.

Eine Verwendung in diesem Sinne kann aber auch die Schuldentilgung gegenstandsbezogener Kredite sein.

Wird nichts Besonderes vereinbart, sind sämtliche Investitionen in dieses Vermögen praktisch dem Zugewinnausgleich entzogen. Dies entspricht in der Regel nicht der ursprünglichen Intention der Ehegatten. Durch gemeinsame Lebensleistung erworbenes Vermögen soll auch dann, wenn es in das aus dem Zugewinn ausgenommene Vermögen investiert wird, beiden Ehegatten zugute kommen.

Daher kann ehevertraglich bestimmt werden, dass Investitionen der Ehegatten, die nicht aus den Erträgen dieses Vermögens selbst bestritten werden, in Höhe der Hälfte des Wertes für den Fall der Scheidung durch den Eigentümer des Vermögens an den anderen Ehegatten herauszuzahlen sind. Diese Regelung sollte unabhängig davon gelten, ob die entsprechenden Investitionen zu einer Wertsteigerung des Gegenstandes geführt haben, oder nicht. Dieser Umstand liegt in der Risikosphäre des Eigentümers.

Beispiel: Die Ehegatten investieren EUR 30.000 in den Einbau einer neuen Heizung in eine Immobilie. Das Geld haben sie aus ihrem Erwerbseinkommen angespart. Es kann ehevertraglich vereinbart werden, dass am Ende der Ehe der Immobilieneigentümer die Hälfte des Betrages, also EUR 15.000 an seine Ehefrau herauszuzahlen hat, unabhängig von der Frage, ob durch diese Investition der Wert der Immobilie gesteigert worden ist.

Bei der Herausnahme eines Vermögensgegenstandes aus dem Zugewinnausgleich ist weiter zu beachten, dass Steuervorteile, die der Vermögensgegenstand erbringt, ebenso wie Steuernachteile bei der Einkommenssteuer beide Ehegatten treffen. Soweit die Konsequenzen hieraus für das Vermögen und eventuelle Unterhaltsansprüche geregelt werden sollen, sollte hier mit einem Steuerberater eine Regelung ergänzend erarbeitet werden.

Wird Vermögen aus dem Zugewinnausgleich ausgeklammert, kann es sinnvoll sein, die Zugewinnausgleichsberechtigung insgesamt, zumindest die, die sich zugunsten desjenigen ergeben würde, dessen Vermögen ausgeklammert worden ist, auszuschließen.

Das ist zum Beispiel sinnvoll, wenn zu erwarten ist, dass das ausgeklammerte Vermögen während der Ehezeit einen hohen Wertzuwachs erfahren wird, demgegenüber das übrige Vermögen nur minimal an Wert hinzugewinnt. In einem solchen Fall sollte festgelegt werden, dass ein Zugewinnausgleich zu Lasten des anderen Ehegatten nicht stattfindet.

Formulierungsbeispiel bei Immobilienvermögen: Für unsere Ehe soll es grundsätzlich beim gesetzlichen Güterstand der Zugewinngemeinschaft verbleiben.

Jedoch sollen die im anliegenden Verzeichnis, das verlesen wurde und auf das verwiesen wird, aufgeführten Gegenstände des Anfangsvermögens jedes Ehegatten beim Zugewinnausgleich bei Beendigung der Ehe aus anderen Gründen als dem Tod eines Ehegatten in keiner Weise berücksichtigt werden. Sie sollen deshalb weder zur Berechnung des Anfangsvermögens, noch des Endvermögens dieses Ehegatten hinzugezogen werden. Dasselbe gilt für zukünftigen privilegierten Erwerb jedes Ehegatten i. S. von § 1374 Abs. 2 BGB, also für Erwerb von Todes wegen oder mit Rücksicht auf ein künftiges Erbrecht, durch Schenkung oder Ausstattung. Auch die diese Gegenstände betreffenden Verbindlichkeiten, etwa Grundpfanddarlehen bei Grundstücken, sollen im Zugewinnausgleich keine Berücksichtigung finden.

Auch Surrogate, also Ersatzgegenstände, für einen aus dem Vermögen des jeweiligen Ehegatten ausscheidenden, aus dem Zugewinnausgleich ausgenommenen Gegenstand, sollen in obiger Weise aus dem Zugewinnausgleich ausgenommen sein. Sie werden also bei der Berechnung des Endvermögens nicht berücksichtigt. Die Ehegatten verpflichten sich, diese Ersatzgegenstände zu notarieller Beurkundung zu verzeichnen. Unterbleibt diese Verzeichnung, so ist ein im Endvermögen gegenständlich nicht mehr vorhandener, in obiger Weise aus dem Zugewinnausgleich ausgenommener Gegenstand nach § 1374 Abs. 2 BGB zu behandeln, also mit seinem Wert bei Eingehung der Ehe oder bei späterem Erwerb dem Anfangsvermögen hinzuzurechnen.

Erträge der aus dem Zugewinnausgleich herausgenommenen Gegenstände, also etwa die Mietzinsen eines vermieteten Hausgrundstücks, sind ebenfalls aus dem Zugewinnausgleich ausgenommen, soweit sie gesondert, also etwa auf einem besonderen Mietzinsenkonto, angelegt sind. Unberührt bleibt eine etwaige Verpflichtung zum Familienunterhalt aus diesen Erträgen.

Verwendet der Eigentümer des aus dem Zugewinnausgleich ausgenommenen Gegenstandes ausgleichspflichtiges Vermögen auf diesen Gegenstand, so hat er bei Beendigung des Güterstandes unter Lebenden dem anderen Ehegatten die Hälfte des Wertes dieser Verwendungen in Geld auszuzahlen, und zwar unabhängig davon, ob eine Wertsteigerung vorhanden ist. Bei Verwendungen des anderen Ehegatten auf den Gegenstand ist diesem entsprechend die Hälfte des Wertes dieser Verwendungen zurückzuzahlen. Diese Beträge sind ab dem Zeitpunkt der Verwendung bis zum Zeitpunkt der Zahlung mit dem gesetzlichen Zinssatz zu verzinsen.

Verwendungen in diesem Sinne sind Vermögensaufwendungen zur Erhaltung, Wiederherstellung und Verbesserung der vom Zugewinnausgleich ausgenommenen Vermögensgegenstände einschließlich der Tilgung von auf diesen Gegenständen lastenden Schulden.

Zur Erfüllung eines etwaigen Zugewinnausgleichsanspruchs des anderen Ehegatten ist erforderlichenfalls auch privilegiertes Vermögen heranzuziehen. Zur Befriedigung einer etwaigen Zugewinnausgleichsforderung gilt das vom Zugewinn ausgenomme Vermögen im Sinne des § 1378 Abs. 2 BGB als vorhandenes Vermögen. Im Übrigen bleibt es beim gesetzlichen Güterstand der Zugewinngemeinschaft. Bei der Beendigung des Güterstandes durch den Todesfall gelten daher die gesetzlichen Bestimmungen ohne die vorgenannten Einschränkungen. Wir wurden vom Notar darauf hingewiesen, dass es sich – um etwaige Schwierigkeiten bei der Berechnung der Zugewinnausgleichsforderung im Scheidungsverfahren zu vermeiden – empfiehlt, die jeweiligen Vermögensmassen strikt zu trennen und über etwaige Bewegungen zwischen den Vermögensmassen Aufzeichnungen zu führen. Insbesondere gilt dies bei Anschaffung von Ersatzgegenständen oder bei Verwendung auf Vermögensgegenstände.

Vereinbarungen zur Fälligkeit und Art der Erfüllung einer Zugewinnausgleichsforderung: Ehevertraglich kann vereinbart werden, dass die Zugewinnausgleichsforderung, abweichend von der gesetzlichen Regelung, nicht mit Rechtskraft der Scheidung, sondern zu einem späteren Zeitpunkt fällig wird.

Es kann auch vereinbart werden, dass eine etwaige Zugewinnausgleichsforderung durch Zahlung eines festgelegten Pauschalbetrages zum Zeitpunkt der Rechtskraft der Scheidung und sodann beispielsweise in jährlichen Raten, die mit einem Prozentsatz bemessen werden können, auszugleichen ist. Damit wird bei zu erwartenden hohen Ausgleichsforderungen die Finanzierung des Ausgleichsbetrages für den ausgleichspflichtigen Ehegatten erleichtert, ohne dass der Ausgleichberechtigte auf den Ausgleich verzichten müsste.

Diese Stundung kann mit einer Verzinsung des Ausgleichsanspruchs verbunden werden.

Beispiel: Die Ehegatten vereinbaren, dass eine etwaige Ausgleichsforderung wie folgt auszugleichen ist:
20 % der Ausgleichsforderung wird fällig mit Rechtskraft der Scheidung. Weitere Raten in Höhe von jeweils 20 % der Ausgleichsforderung sind dann jährlich gerechnet ab der Rechtskraft der Scheidung zu leisten. Die Ausgleichsforderung ist verzinslich mit … % über dem jeweiligen Basiszinssatz. Der Zins ist mit der letzten Rate zu leisten.

Verpflichtung zum Abschluss einer Lebensversicherung oder einem Fonds-Sparplan: Als Kompensation eines vollständigen Ausschlusses des Zugewinnausgleichs kann auch vereinbart werden, dass der Ehegatte, der dadurch voraussichtlich begünstigt wird, zugunsten des anderen Ehegatten die Verpflichtung übernimmt, eine Lebensversicherung mit einer bestimmten Versicherungssumme oder einen Fonds-Sparplan mit bestimmten monatlichen Prämien für eine bestimmte Laufzeit oder für die Dauer der Ehe zu bedienen. Damit wird dem verzichtenden Ehegatten eine verlässliche zusätzliche Vermögensbildung und Altersversorgung gewährleistet.

Beispiel: Die Ehegatten vereinbaren, dass anstelle der Durchführung des Zugewinnausgleichs folgende Regelung zugunsten der Ehefrau treten soll:

Auf das Leben des Ehemannes oder bei Erreichen des 60. Lebensjahres wird eine Lebensversicherung mit festem Auszahlungszeitpunkt mit einer Vertragssumme von EUR X abgeschlossen. Versicherungsnehmerin und unwiderruflich Begünstigte ist die Ehefrau, falls vorverstorben, der Ehemann. In diese Versicherung ist eine Zusatzversicherung mit Leistungen auf Rentenzahlungen und Beitragsbefreiung für die gesamte Versicherung einzuschließen, die für den Fall einer um eine mindestens ...... % verminderten Erwerbsfähigkeit Zahlungen leistet. Beitragszahler für die vorgenannten Versicherungen ist der Ehemann. Die Gewinnanteile zu den Versicherungen sollen nur zur Erhöhung der Versicherungsleistungen verwandt werden. Erfüllt der Ehemann seine entsprechende Zahlungsverpflichtung nicht, wird die gesamte Vereinbarung zum Zugewinnausgleich unwirksam.

Vereinbarung eines pauschalierten gestaffelten Zugewinnausgleichsbetrages:

> **Formulierungsbeispiel:** Für den Fall, dass Zugewinnausgleichsansprüche bestehen, ist der Höchstbetrag für die Ausgleichszahlung des ausgleichspflichtigen Ehegatten wie folgt begrenzt:
>
> Für jedes vollendete Ehejahr ab der Eheschließung bis zur Rechtshängigkeit des Scheidungsantrags ist höchstens ein Betrag in Höhe von _____ EUR als Ausgleichsbetrag zu zahlen.
>
> Die Summe dieser Beträge darf den gesetzlich geschuldeten Zugewinnausgleichsanspruch nicht übersteigen.

e) Alternative Güterstände

Gütertrennung: Bei der Gütertrennung bleiben die Vermögensmassen – ebenso wie bei der Zugewinngemeinschaft – getrennt. Allerdings erfolgt am Ende der Ehe – also bei Scheidung oder Tod eines der Ehegatten – kein Zugewinnausgleich.

Auch gegenseitige Zuwendungen der Ehegatten werden nicht korrigiert, soweit eine Rückforderung oder ein Ausgleichsanspruch nicht ausdrücklich bei der Zuwendung vorbehalten worden ist. Eine Ausnahme von diesem Grundsatz gilt nur in ganz extremen Ausnahmefällen, bei denen eine entsprechende Zuwendung zur Existenzgefährdung des zuwendenden Ehegatten führen würde.

Gütergemeinschaft: Ehevertraglich kann auch der dritte gesetzliche Güterstand, der Güterstand der Gütergemeinschaft in notarieller Form vereinbart werden. In diesem Fall vereinigen sich die Vermögensmassen der Ehegatten zum so genannten Gesamtgut.

Nur das Vermögen, das aufgrund ausdrücklicher Vereinbarung zwischen den Ehegatten hiervon ausgenommen werden soll, fällt nicht in das Gesamtgut. Dieses Vermögen wird als Vorbehaltsgut bezeichnet.

Wird einem der Ehegatten Vermögen von dritter Seite, beispielsweise von seinen Eltern, zugewendet oder erbt er etwas, kann dieses Vermögen, auch gegen den Willen des anderen Ehegatten, zum Vorbehaltsgut erklärt werden.

Die Gütergemeinschaft sieht noch eine dritte Vermögensmasse, das Sondergut vor. Es handelt sich dabei um höchstpersönliche Rechte, die kraft Gesetzes nicht auf andere Personen übertragbar sind. Das ist beispielsweise bei einem Nießbrauch der Fall.

Die Verwaltung des Vermögens in Gütergemeinschaft wird – je nach ehevertraglicher Vereinbarung – von einem der Ehegatten oder (wie es die Regel ist) von beiden Ehegatten gemeinsam vorgenommen.

Die Liquidierung der Gütergemeinschaft führt bei deren Beendigung im Prinzip zu ähnlichen Ergebnissen wie bei der Zugewinngemeinschaft. Allerdings besteht die Besonderheit, dass dann, wenn einer der Ehegatten während der Ehe Vermögen verloren hat, eine Erstattungspflicht des anderen Ehegatten besteht. Dieser Anspruch ist aufgrund der Trennung der Vermögensmassen bei der Zugewinngemeinschaft nicht gegeben.

Wird die Gütergemeinschaft durch Tod eines der Ehegatten beendet, ist diese durch die Erben nach den gleichen Grundsätzen zu liquidieren, wie sie zwischen den Ehegatten anlässlich einer Scheidung auseinanderzusetzen wäre. Davon abweichend kann ehevertraglich vereinbart werden, dass die Gütergemeinschaft auch mit den Erben fortgeführt wird.

Bei einer Gütergemeinschaft erfolgt keine Erhöhung der gesetzlichen Erbquote aufgrund des Güterstandes.

4. Beteiligung des Ehegatten am Vermögen beim Tod eines Ehegatten

Die Auswirkungen des gesetzlichen Güterstandes der Zugewinngemeinschaft hängen bei dem Tod eines der Ehegatten davon ab, ob der länger lebende Ehegatte
– gesetzlicher Erbe,
– Erbe oder Vermächtnisnehmer aufgrund einer Bestimmung in einem Testament geworden ist, oder
– durch Testament vollständig enterbt
worden ist.

Der Güterstand der Zugewinngemeinschaft wirkt sich sowohl auf Erbansprüche als auch auf den so genannten Pflichtteilsanspruch der Ehegatten aus.

Der Pflichtteilsanspruch entsteht, wenn ein Ehegatte enterbt ist oder aufgrund eines Testamentes einen Erb- oder Vermächtnisanspruch hat, der den Wert des Pflichtteilsanspruchs nicht erreicht.

Der Pflichtteilsanspruch gewährleistet die unentziehbare Teilhabe des Ehegatten an dem Nachlass des verstorbenen Ehegatten.

Die Höhe des Pflichtteilsanspruchs hängt davon ab, ob und gegebenenfalls wie der Erblasser testiert hat.

a) Gesetzlicher Erbe. Hat der verstorbene Ehegatte kein Testament errichtet und leben die Ehegatten im gesetzlichen Güterstand der Zugewinngemeinschaft, tritt die gesetzliche Erbfolge ein. Die Beteiligung am Nachlass des

Ehegatten setzt sich dann aus einem erbrechtlichen Anteil und einem Anteil wegen pauschaliertem Zugewinnausgleich zusammen.

Die Höhe des erbrechtlichen Anteils hängt davon ab, wer neben dem Ehegatten kraft Gesetzes zum Erben berufen ist.

Bei Erben erster Ordnung, das sind die Abkömmlinge des Erblassers (Kinder, soweit vorverstorben Enkel bzw. Urenkel) beträgt die Erbquote ¼.

Neben Erben zweiter Ordnung, das heißt neben den Eltern und – soweit vorverstorben – den Geschwistern des Erblassers und deren Abkömmlingen, beträgt die Erbquote ½.

Daneben wird sein Erbteil aufgrund des Güterstandes der Zugewinngemeinschaft pauschal um ¼ erhöht.

Der Anspruch auf diese Beteiligung am Nachlass ist unabhängig davon, ob in der Ehe überhaupt Vermögen hinzugewonnen worden ist bzw. welcher der Ehegatten mehr Vermögen gebildet hat.

Der Gesetzgeber wollte damit den länger lebenden Ehegatten von der Verpflichtung gegenüber den anderen Erben entlasten, den konkret während der Ehe erzielten Zugewinn darzulegen und zu beweisen.

Sind weder Erben erster noch zweiter Ordnung vorhanden, erbt der Ehegatte allein.

Beim Güterstand der Gütertrennung erbt der Ehegatte neben den Kindern des Erblassers neben einem oder zwei Kindern zu gleichen Teilen, bei mehr Kindern mindestens ¼.

Beim Güterstand der Gütergemeinschaft beträgt die gesetzliche Erbquote ¼. Daneben erhält der länger lebende Ehegatte eine Beteiligung aufgrund seiner Beteiligung am Gesamtgut, welches in der Regel beim Tod eines Ehegatten liquidiert wird. Die Beteiligung am Gesamtgut wird im Prinzip der Zugewinngemeinschaft vergleichbar ermittelt.

b) Testamentarische Erbfolge. Wird der im gesetzlichen Güterstand lebende Ehegatte testamentarisch als Erbe oder Vermächtnisnehmer eingesetzt, erhält er diesen Anteil am Nachlass. Daneben besteht dann aber kein Anspruch auf pauschale Erhöhung der Erbbeteiligung aufgrund der bestehenden Zugewinngemeinschaft.

Der überlebende Ehegatte kann sowohl den testamentarischen Erbteil als auch ein etwaiges daneben angeordnetes Vermächtnis annehmen.

Sollte der Erbteil geringer als die „große" Pflichtteilsquote (1/4 des Wertes des Nachlasses) sein, kann er gem. § 2305 BGB als Pflichtteilsrestanspruch die Aufstockung bis zum Wert des Pflichtteils verlangen. Der große Pflichtteil ergibt sich aus der Hälfte des gesetzlichen Erbteils, also 1/8 und der Hälfte der Erbbeteiligung, die aus dem Güterstand der Zugewinngemeinschaft bei gesetzlicher Erbfolge resultieren würde, ebenfalls 1/8.

Den Wert eines etwaigen Vermächtnisses muss er sich gem. § 2307 I 2 BGB auf seinen Pflichtteil anrechnen lassen, soweit er das Vermächtnis annimmt.

Ein Pflichtteilsanspruch ist grundsätzlich durch Geldzahlung zu erfüllen.

Die gleichen Grundsätze gelten bei der Gütertrennung. Auch hier ergibt sich die Erbbeteiligung aus dem Testament. Erreicht diese nicht den Wert des fiktiven Pflichtteils (Hälfte des gesetzlichen Erbteils), dann kann auch hier die Ergänzung der Erbbeteiligung bis zum Wert des Pflichtteils verlangt werden.

c) Erbausschlagung und kleiner Pflichtteil (sog. taktische Ausschlagung). Um den realen Anspruch auf Zugewinnausgleich zu erlangen, der sich ergibt, wenn dieser konkret durch die Gegenüberstellung von Anfangs- und Endvermögen ermittelt wird, kann der länger lebende Ehegatte sowohl seine Stellung als gesetzlicher Erbe als auch als testamentarischer Erbe oder Vermächtnisnehmer ausschlagen und stattdessen seinen gesetzlichen Pflichtteil in Höhe von 1/8 (die Hälfte seines gesetzlichen Erbteils, ohne Berücksichtigung der Erbbeteiligung aus dem Güterstand der Zugewinngemeinschaft), zuzüglich seines konkreten Zugewinnausgleichsanspruchs gegen die Erben geltend machen.

Dieser wird dann aufgrund der oben zur Scheidung dargestellten Berechnungsmethode ermittelt, wobei der Stichtag für das Endvermögen der Todestag des Ehegatten ist.

Diese Vorgehensweise empfiehlt sich unter wirtschaftlichen Gesichtspunkten nur dann, wenn der Verstorbene mindestens 6/7 seines Endvermögens während der Ehe hinzugewonnen hat.

Diese so genannte „taktische Ausschlagung" der Erbenstellung wird aber nur dem im gesetzlichen Güterstand der Zugewinngemeinschaft lebenden Ehegatten gewährt. Schlägt demgegenüber ein im Güterstand der Gütertrennung oder der Gütergemeinschaft lebender Ehegatte eine Erbstellung aus, verliert er seinen Anspruch auf Beteiligung am Nachlass.

Ein Vermächtnis kann aber auch in diesen Güterständen ausgeschlagen und stattdessen der volle Pflichtteil verlangt werden.

d) Enterbung des Ehegatten. Wird der Ehegatte von seinem Ehepartner vollständig enterbt, ihm damit gar nichts testamentarisch zugewendet, also auch kein Vermächtnis, ergibt sich sein Pflichtteilsanspruch im Güterstand der Zugewinngemeinschaft ebenfalls aus der Hälfte des gesetzlichen Erbteils, mithin in Höhe von 1/8. Daneben hat der enterbte Ehegatte auch hier das Recht, den konkret ermittelbaren Zugewinnausgleich zu verlangen, soweit ein entsprechender Anspruch besteht.

In den Güterständen der Gütertrennung und der Gütergemeinschaft entspricht der Pflichtteilsanspruch der Hälfte des gesetzlichen Erbteils. Bei der Gütertrennung hängt der Anspruch also davon ab, wie viele Kinder der Erblasser hat.

e) Auswirkung des Ausschlusses des Zugewinnausgleichs auf die Erbbeteiligung für die Kinder. Der Ausschluss des Zugewinnausgleichs für den Fall des Todes hat die in der Regel unerwünschte Wirkung, dass sich die so genannten Pflichtteilsansprüche der Kinder, d. h. die unentziehbare erbrechtliche Teilhabe der Kinder am Nachlass eines verstorbenen Elternteils, erhöht.

Ein Pflichtteilsanspruch eines Kindes entsteht, wenn es enterbt wird. Es hat dann ebenfalls einen Anspruch auf Herauszahlung eines Geldbetrages, der der Hälfte des Wertes seiner fiktiven gesetzlichen Erbbeteiligung entsprechen würde.

Der Pflichtteil des Kindes hängt vom Güterstand der Eltern ab. Beim gesetzlichen Güterstand der Zugewinngemeinschaft hängt bei gesetzlicher Erbfolge die Erbquote der Kinder von der Anzahl der Kinder ab. Sie teilen sich die Hälfte des für sie nach Abzug des aufgrund der Erhöhung der der Nachlassbeteiligung des Ehegatten verbleibenden hälftigen Nachlass zu gleichen Teilen.

Hinterlässt der im Güterstand der Zugewinngemeinschaft lebende Erblasser also ein Kind, beträgt die gesetzliche Erbquote des Kindes ½ und die Pflichtteilsquote mithin ¼, bei zwei Kindern beträgt die Erbquote jeweils ¼ und der Pflichtteil damit 1/8 usw.

Bei der Gütertrennung erben die Kinder neben dem Ehegatten kraft Gesetzes jeweils zu gleichen Teilen, der Ehegatte jedoch mindestens 25 %. Damit beträgt die Erbquote bei einem Kind 50 %, bei zwei Kindern 33 % und bei drei Kindern 25 %, und der daraus resultierende Pflichtteil jeweils die Hälfte hiervon.

Das verdeutlicht folgendes Schaubild:

Güterstand	Pflichtteil des Ehegatten neben Abkömmlingen			Pflichtteil je Kind, wenn der Erblasser im Erbfall noch verheiratet war		
				Anzahl der hinterlassenen Kinder		
				1	2	3
Zugewinngemeinschaft (erbrechtliche Lösung)	¼			¼	⅛	1/12
Zugewinngemeinschaft (güterrechtliche Lösung, jedoch ist Zugewinnausgleich vom Nachlass vorweg abzuziehen)	⅛			⅜	3/16	⅛
Gütertrennung	1 Kind ¼	2 Kind. 1/6	3 u. mehr Kinder ⅛	¼	1/6	⅛
Gütergemeinschaft	⅛			⅜	3/16	3/24

Ein Vergleich ergibt, dass der Pflichtteilsanspruch der Kinder i.d.R. beim Güterstand der Gütertrennung höher ist als bei der Zugewinngemeinschaft.

Diese Pflichtteilsansprüche können die in den meisten Fällen gewünschte Absicherung des länger lebenden Ehegatten erheblich beeinträchtigen.

f) Steuerliche Auswirkungen des Ausschlusses des Zugewinnausgleichs für den Todesfall. Der gesetzliche Güterstand der Zugewinngemeinschaft hat im Vergleich zu dem Güterstand der Gütertrennung zudem den Vorteil, dass für den fiktiv errechenbaren realen Zugewinnausgleichsanspruch neben den erbrechtlichen steuerlichen Freibeträgen ein weiterer Steuerfreibetrag in entsprechender Höhe gewährt wird.

Um in den Genuss dieser steuerlichen Befreiung zu kommen, wird anlässlich des Todes eines der Ehegatten der fiktive Zugewinnausgleichsanspruch durch die Finanzbehörde ermittelt. Würde der Güterstand der Zugewinngemeinschaft auch für den Fall des Todes ehevertraglich ausgeschlossen, wäre dieser steuerliche Vorteil verloren.

Wurde einmal uneingeschränkt Gütertrennung vereinbart, lässt sich der steuerliche Vorteil der Zugewinngemeinschaft durch die Aufhebung der Gütertrennung und eine rückwirkende Vereinbarung der Zugewinngemeinschaft allerdings nicht mehr für die Vergangenheit erlangen. Zwar ist eine entsprechende Regelung zivilrechtlich wirksam mit der Folge, dass der Zugewinnausgleich entsprechend durchzuführen ist. Steuerlich ist diese Vereinbarung jedoch unbeachtlich. Damit entsteht dann der steuerliche Vorteil nur für das Vermögen, das ab dem Zeitpunkt der Vereinbarung der Zugewinngemeinschaft gebildet wird.

g) Erläuterung zum Vertragsmuster. Das Vertragsmuster sieht vor, dass es für den Fall des Todes der Ehegatten beim Zugewinnausgleich verbleibt. Damit soll der steuerliche Vorteil und die nachteiligen Folgen des in der Regel als Alternative in Betracht kommenden Güterstandes der Gütertrennung auf Pflichtteilsansprüche von Kindern vermieden werden.

Die Nachlassbeteiligung des länger Lebenden ist dann bei der gesetzlichen Erbfolge höher als in dem Güterstand der Gütertrennung. Das entspricht bei intakter Ehe in der Regel den Interessen der Ehegatten unter dem Gesichtspunkt des Versorgungsgedankens zugunsten des länger lebenden Ehegatten.

5. Regelung zu so genannten unbenannten Zuwendungen

Scheitert die Ehe, ergibt sich oft die Frage, ob ein Miteigentumsanteil an einer Immobilie gegenständlich zurückgefordert oder eine Ausgleichszahlung für die erbrachte Leistung verlangt werden kann. Beispielhaft seien folgende Zuwendungen genannt:
– Zuwendung eines Miteigentumsanteils an einer Immobilie im Rahmen eines Hausbaus,
– erhebliche Arbeitsleistungen beim Errichten einer Immobilie oder
– Vermögensbildung auf einem gemeinschaftlichen Konto, wenn nur einer der Ehegatten hierauf einzahlt.

Relativ unproblematisch wäre ein Rückforderungsanspruch, wenn es sich bei der Zuwendung eines Vermögensgegenstandes rechtlich um eine Schenkung handeln würde. Die Rechtsprechung hat diese nahe liegende Wertung jedoch verneint. Demnach handelt es sich in diesen Fällen nicht um eine Schenkung, sondern um eine Zuwendung besonderer Art, die „unbenannte Zuwendung" genannt wird. Dieser Grundsatz gilt sogar dann, wenn die Zuwendung ausdrücklich in einem Vertrag als Schenkung bezeichnet worden ist.

Begründet wird das damit, dass sie der Verwirklichung der ehelichen Lebensgemeinschaft dient. Sie unterliegt daher anderen Regeln, als Schenkungen. Insbesondere ist eine gegenständliche Rückforderung bei der Beendigung der Ehe in der Regel ausgeschlossen.

Nur dann, wenn nach dem Scheitern der Ehe die Beibehaltung der durch die Zuwendung geschaffenen Vermögenslage dem Zuwendenden nicht zumutbar ist, kann ein Wegfall der Geschäftsgrundlage in Betracht kommen.

Unzumutbar ist die Beibehaltung des selbst geschaffenen Zustandes eigentlich nur dann, wenn andernfalls die Existenz oder Altersvorsorge des Zuwenders damit gefährdet werden würde.

Das Gesetz sieht aber in § 1380 BGB vor, dass solche Leistung im Rahmen des Zugewinnausgleichs in besonderer Weise Berücksichtigung finden sollen.

Danach muss sich ein Ehegatte auf eine Ausgleichsforderung das anrechnen lassen, was ihm von dem anderen Ehegatten mit der Bestimmung zugewendet worden ist, dass es auf die Ausgleichsforderung angerechnet werden soll.

Das Gesetz geht davon aus, dass eine entsprechende Anrechnung auch ohne besondere Vereinbarung der Ehegatten erfolgen soll, wenn ihr Wert den Wert von Gelegenheitsgeschenken zu Geburtstagen oder Weihnachten übersteigt, die nach den Lebensverhältnissen der Ehegatten üblich sind.

Die Anrechnung auf die Ausgleichsforderung erfolgt durch eine Modifizierung der Ermittlung des Zugewinnausgleichs. Der Wert der Zuwendung wird zunächst dem Endvermögen des Ehegatten zugerechnet, der die Zuwendung gemacht hat, und vom Endvermögen des die Zuwendung empfangenden Ehegatten abgezogen. Auf den sich daraus ergebenden Zugewinnausgleichsanspruch wird der Wert der Zuwendung dann angerechnet.

Diese Regelung entfaltet aber nur Wirkung zugunsten des Zuwenders, wenn beide Ehegatten während der Ehe Vermögen gebildet haben. Dabei darf die Vermögensbildung auf Seiten des empfangenden Ehegatten aber nicht allein aus der Zuwendung selbst resultieren.

Ergibt sich auf Seiten des empfangenden Ehegatten zum Zeitpunkt der Scheidung kein Zugewinnausgleichsanspruch, geht die entsprechende Anrechnung ins Leere.

Um für diesen Fall vorzusorgen, müsste eine Rückforderungsregelung, oder eine Wertausgleichsregelung jeweils in dem der Zuwendung zugrunde liegenden Vertrag getroffen werden.

Im Güterstand der Gütertrennung sieht das Gesetz gar keine Berücksichtigung solcher Zuwendungen im Falle der Scheidung vor. Jeder soll dann das behalten, was er zum Zeitpunkt der Scheidung im Eigentum hat.

Das Vertragsmuster sieht vor, dass für den Fall der Scheidung eine Berücksichtigung von Zuwendungen sowohl im gesetzlichen Güterstand der Zugewinngemeinschaft, als auch bei der Gütertrennung nur dann stattfinden soll, wenn dies zum Zeitpunkt der Zuwendung oder danach ausdrücklich vereinbart worden ist.

Davon sind auch Zuwendungen umfasst, die in Form von Arbeitsleistung, beispielsweise für den Aufbau bzw. Betrieb eines Unternehmens des anderen Ehegatten erbracht werden.

Damit kann zum Zeitpunkt der Scheidung wegen dieser Leistungen keine Nach- oder Rückforderung gestellt werden.

Vor einer Zuwendung ist daher immer von dem jeweiligen Ehegatten zu prüfen, ob er diese tatsächlich ohne Gegenleistung überlassen oder erbringen will. Andernfalls ist diesbezüglich bei der vorgeschlagenen Vertragsgestaltung eine gesonderte Vereinbarung notwendig.

6. Güterrechtsregister

Die im Vertragsmuster nicht vorgesehene Eintragung im so genannten Güterrechtsregister ist allgemein üblich. Die entsprechende Eintragung hat, obwohl sie gesetzlich vorgesehen ist, praktisch aber keine Bedeutung.

Die Eintragung im Güterrechtsregister würde eine Haftungsbeschränkung bewirken, wenn ehevertraglich ausgeschlossen werden würde, Geschäfte zur Deckung des Lebensbedarfes auszuschließen, also die Haftung für ganz alltägliche Geschäfte, wie den Einkauf von Lebensmitteln.

Die wirtschaftliche Bedeutung dieser Regelung ist so gering, dass von der Möglichkeit der Eintragung von Eheverträgen im Güterrechtsregister praktisch nie Gebrauch gemacht wird. Dies beruht auch darauf, dass dadurch Kosten entstehen. Dennoch ist es üblich, die Möglichkeit der Eintragung vorsorglich vertraglich zu vereinbaren.

7. Versorgungsausgleich

a) Allgemeines zum Versorgungsausgleich. Der Versorgungsausgleich dient zum Ausgleich der während der Ehezeit erworbenen Anrechte auf Rentenzahlungen (Rentenanwartschaften). Die Durchführung des Versorgungsausgleichs soll, entsprechend dem Grundgedanken beim Zugewinnausgleich, dazu führen, dass die von den Ehegatten während der Ehezeit erworbenen Rentenanwartschaften, bezogen auf die Ehezeit, diesen gleichermaßen zugute kommen.

Es wird – wie beim Zugewinnausgleich – ermittelt, wie viele Rentenanwartschaften die Ehegatten während der Ehezeit hinzugewonnen haben. Als Ehezeit gilt die Zeit von Beginn des Monats, in dem die Ehe geschlossen worden ist, bis zum Ende des Monats, der dem Monat vorausgeht, an dem der Scheidungsantrag einem Ehegatten zugestellt worden ist.

Vor der Ehe erworbene Rentenanwartschaften bleiben daher also ebenso anrechnungsfrei wie die Rentenanwartschaften, die nach der Zustellung der Scheidungsantragsschrift noch erworben werden.

Der Ehegatte, der mehr Rentenanwartschaften erworben hat, ist dem anderen Ehegatten zum Ausgleich der Hälfte der Differenz verpflichtet.

Der Versorgungsausgleich wird durch das Familiengericht im Rahmen des Scheidungsverfahrens von Amts wegen durch Beschluss durchgeführt.

Die tatsächliche Durchführung des Versorgungsausgleichs ist aufgrund erforderlicher komplizierter mathematischer Berechnungen für den Laien kaum nachvollziehbar. Die versicherungsmathematisch aufbereiteten Grundlagen für die Entscheidung des Gerichts liefern die beteiligten Rententräger.

Auszugleichen sind Ansprüche aus
– Beamtenversorgung,
– gesetzlicher Rentenversicherung,

- betrieblicher Altersvorsorge,
- berufsständiger oder sonstiger Versorgung,
- privater Rentenversicherung und
- Abfindungen für den Verlust des Arbeitsplatzes im hohen Alter.

Kapitallebensversicherungsverträge werden nicht in den Versorgungsausgleich einbezogen, auch wenn ein so genanntes Rentenwahlrecht besteht, solange dieses noch nicht unwiderruflich ausgeübt worden ist.

Die tatsächliche Übertragung der Versorgungsanwartschaften erfolgt bereits zum Monatsersten des auf die Rechtskraft des Scheidungsurteils folgenden Monats. Fühlbar wird die Übertragung jedoch erst beim Eintritt des Versorgungsfalls: Der Ausgleichsverpflichtete erhält dann lediglich eine gekürzte Versorgung, unabhängig davon, ob der Ausgleichsberechtigte bereits Versorgungsleistungen bezieht.

Eine Ausnahme von diesem Prinzip besteht nur dann, wenn der Ausgleichsverpflichtete bei Rechtskraft der Scheidung bereits im Rentenbezug steht, der Ausgleichsberechtigte jedoch nicht. In diesen Fällen tritt die Kürzung der Versorgung des Ausgleichsverpflichteten erst ein, wenn der Ausgleichsberechtigte seinerseits Rente bezieht (so genanntes Rentnerprivileg).

Für die Frage, ob die gesetzlichen Regelungen zum Versorgungsausgleich der Modifizierung bedürfen, gelten im Prinzip die gleichen Überlegungen wie für den Zugewinnausgleich.

Das Formular sieht vor, dass der Versorgungsausgleich gänzlich ausgeschlossen sein soll, wenn keine Kinder aus der Ehe hervorgehen.

Wird ein Kind geboren oder einvernehmlich adoptiert, wird der Versorgungsausgleich für die ab diesem Zeitpunkt entstehenden Versorgungsanwartschaften durchgeführt.

Diese Vereinbarung wird häufig, wie auch hier, mit einem Ausschluss bzw. einer Modifikation eines Zugewinnausgleichs verbunden, wenn dieser darauf beruht, dass einer der Ehegatten selbständig und infolge dessen nicht gesetzlich rentenversicherungspflichtig erwerbstätig ist.

Selbstständige treffen Altersvorsorge in der Regel nicht oder nicht ausschließlich durch den Abschluss von privaten Rentenversicherungen, sondern zumeist durch die Bildung anderweitigen Vermögens. Das kann beispielsweise durch die Bildung von Immobilienvermögen oder durch Investitionen in das eigene Unternehmen erfolgen.

Ist der andere Ehegatte sozialversicherungspflichtig erwerbstätig, verbliebe dem Ehegatten, der nur private Altersvorsorge betreibt, aufgrund des Ausschlusses des Zugewinnausgleichs, seine Altersvorsorge ungeschmälert, während der andere Ehegatte die Hälfte seiner während der Ehe erworbenen Rentenanwartschaften verlieren würde, ohne an der Vermögensbildung des anderen Ehegatten im Gegenzug beteiligt zu werden.

Daher wird regelmäßig der Versorgungsausgleich als Kompensation für die Modifikation bzw. den Ausschluss des Zugewinnausgleichs für den Fall der Scheidung ebenfalls ausgeschlossen.

Wird der Versorgungsausgleich ausgeschlossen, tritt kraft Gesetzes uneingeschränkte Gütertrennung ein. Ist dies nicht gewollt, muss dies im Ehevertrag ausdrücklich klargestellt werden.

Alternativ zum Totalausschluss des Versorgungsausgleichs kann hier – ebenso wie beim Zugewinnausgleich – folgende Modifikation erfolgen:
– Veränderung der Ausgleichsquote,
– Beschränkung des Ausgleichs auf bestimmte Zeiträume,
– beispielsweise die Zeit, in der ein die gemeinsamen Kinder betreuender Ehegatte seine ursprüngliche Vollzeiterwerbstätigkeit eingeschränkt hat.

Aufgrund der Ehevertragsfreiheit können Ehegatten den Versorgungsausgleich nach ihren persönlichen Wertvorstellungen und Verhältnissen im Wesentlichen frei regeln. Allerdings unterliegen die Vereinbarungen der richterlichen Wirksamkeits- und Ausübungskontrolle.

Dies beruht darauf, dass nach höchstrichterlicher Rechtsprechung ehevertragliche Regelungen dann unwirksam sein können bzw. nur bedingt anwendbar sind, wenn sie zu Lasten eines Ehegatten in den Kernbereich der gesetzlich vorgesehenen nachehelichen Solidarität in einer Weise eingreift, dass diese mit dem Grundgedanken des Gesetzes unvereinbar erscheint.

Die Durchführung des Versorgungsausgleichs stellt praktisch eine teilweise Vorwegnahme der Regelung der Unterhaltsansprüche nach dem Eintritt in die Altersrente dar. Sie ist daher von existenzieller Bedeutung für die Beteiligten.

Der vollständige und entschädigungslose gegenseitige Verzicht auf den Versorgungsausgleich ist nach derzeitigem Stand der Rechtsprechung bei folgenden Konstellationen jedenfalls wirksam:
• Beide Ehegatten schließen die Ehe in fortgeschrittenem Alter und haben aufgrund dessen bereits eigene, nicht dem Versorgungsausgleich unterliegende Versorgungsanwartschaften, oder sie verfügen über Vermögen, das ihre Alterssicherung gewährleistet.
• Beide Ehegatten sind vollschichtig sozialversicherungspflichtig tätig und haben keinen Kinderwunsch.

Ist die zum Versorgungsausgleich getroffene Regelung mit der ehelichen Solidarität schlechthin unvereinbar, kann im Rahmen des Scheidungsverfahrens eine richterliche Vertragsanpassung vorgenommen werden, mit dem Ergebnis, dass ehebedingte Versorgungsnachteile durch die Durchführung des Versorgungsausgleichs kompensiert werden.

Der Versorgungsausgleich ist insbesondere sittenwidrig und damit unwirksam, wenn
– der Versorgungsausgleich erst nach mehrjähriger Ehe, in der einer der Ehegatten aufgrund der Kindeserziehung seine Erwerbstätigkeit eingeschränkt hat, auf Druck des anderen Ehegatten ausgeschlossen wird oder
– eine Frau vor der Eheschließung schwanger ist und der Ehemann den Ausschluss des Versorgungsausgleichs verlangt.

Um ein etwaiges Ungleichgewicht durch den Ausschluss des Versorgungsausgleichs zu kompensieren, können ergänzende Regelungen getroffen werden:

b) Abschluss einer privaten Altersvorsorge. Der ausgleichspflichtige Ehegatte kann sich verpflichten, für den ausgleichsberechtigten Ehegatten eine private Altersvorsorge einzurichten und die dafür erforderlichen Prämien zu zahlen.

Die daraus erzielbare Versorgungsanwartschaft sollte der gesetzlichen Versorgungsanwartschaft wirtschaftlich vergleichbar sein. Es muss aber in jedem Einzelfall von einem Versicherungsfachmann ermittelt werden, ob eine solche Regelung wirtschaftlich sinnvoll ist.

Die alternative Versorgung sollte auch für den Fall der Erwerbsunfähigkeit eine Absicherung bieten. Nicht nur die Erwerbsunfähigkeit, sondern auch die verminderte Erwerbsfähigkeit sollte mit in die Absicherung aufgenommen werden. Eine Alternative hierzu stellt der Abschluss einer Risikoversicherung dar.

Es besteht die Möglichkeit, die Lebensversicherung sowohl auf Kapital- als auch auf Rentenbasis abzuschließen.

Ebenso ist es denkbar, die Kompensation durch Zahlung von Prämien auf eine bereits bestehende Lebensversicherung des Berechtigten vorzunehmen, oder eine Lebensversicherung des Verpflichteten auf den Berechtigten zu übertragen.

Ergänzend sollte die Prämienzahlung dann ausreichend abgesichert sein.

Formulierungsbeispiel: Wir schließen den Versorgungsausgleich gegenseitig völlig aus. Der Ehemann verpflichtet sich gegenüber der Ehefrau, laufende Beiträge zu einer für diese abzuschließenden privaten Rentenversicherung regelmäßig und pünktlich im Voraus zu zahlen. Die Lebensversicherung muss mindestens folgende Leistungsmerkmale beinhalten:
– Rentenbeginn mit dem 60. Lebensjahr des Berechtigten
– Mindestmonatsrente: EUR 800,00

Zur Anpassung an die Lebenshaltungskosten erhöhen sich die Beiträge jährlich im gleichen Prozentsatz wie die Beiträge zur gesetzlichen Rentenversicherung. Nach einer Scheidung sind die Beiträge als Vorsorgeunterhalt zu behandeln. Ob und gegebenenfalls in welchem Maße Beiträge nachehelich weiter zu zahlen sind, richtet sich nach den Grundsätzen des gesetzlich geregelten Unterhaltsanspruchs.

Gerät der Ehemann mit der Zahlung von zwei Versicherungsprämien in Verzug, ist die Ehefrau berechtigt, die Vereinbarung zum Versorgungsausgleich zu widerrufen. Der Widerruf ist durch notarielle Erklärung gegenüber dem Ehemann zu erklären.

Bis zu diesem Zeitpunkt erworbene Ansprüche verbleiben der Ehefrau.

Im Übrigen findet der Versorgungsausgleich für die gesamte Ehezeit statt.

c) **Ausschluss einzelner Anwartschaften auf Altersversorgung.** Hier kommt insbesondere der Ausschluss von Betriebsrenten in Betracht, wenn im Übrigen beide Ehegatten gesetzlich rentenversichert sind.

> **Formulierungsbeispiel:** Für den Fall der Ehescheidung soll der Versorgungsausgleich durchgeführt werden. In den Versorgungsausgleich sollen auf beiden Seiten jedoch Versorgungsanwartschaften außerhalb der gesetzlichen Rentenversicherung bzw. der Altersversorgung im öffentlichen Dienst nach § 1587 b II BGB nicht mit einbezogen werden.

d) **Zeitanteiliger Ausschluss des Versorgungsausgleichs.** Die in dem Formulierungsbeispiel vorgesehene Regelung, dass der Versorgungsausgleich ab dem Zeitpunkt, ab dem Kinder aus der Ehe hervorgehen, durchzuführen ist, kann noch ergänzt werden. Es kann vereinbart werden, dass die Durchführung des Versorgungsausgleichs nur für die Zeit der Kinderbetreuung erfolgen soll. Beispielsweise kann vereinbart werden, dass der Versorgungsausgleich im Hinblick auf die Kinderbetreuung beispielsweise bis zum 12. Geburtstag des jüngsten Kindes durchzuführen sein soll.

> **Formulierungsbeispiel:** Wir schließen hiermit den gesetzlichen Versorgungsausgleich aus.
>
> Jedoch soll der Versorgungsausgleich nach Maßgabe der gesetzlichen Vorschriften für die Zeiträume stattfinden, in denen ein Ehegatte wegen Kinderbetreuung nicht verpflichtet ist, einer Vollzeiterwerbstätigkeit nachzugehen. Der Zeitraum beginnt nach dem übereinstimmenden Willen der Ehegatten verbindlich ab dem Zeitpunkt der Geburt des ersten gemeinsamen Kindes und endet an dem Tag des Beginns des 7. Schuljahrs für das jüngste durch einen Ehegatten betreuten Kindes.

e) **Befristung des Ausschlusses des Versorgungsausgleichs.** Es kann auch vereinbart werden, dass der Versorgungsausgleich nur dann stattfinden soll, wenn die Ehe eine bestimmte Dauer hatte. Dies hat den Vorteil, dass nach nur kurzer Ehedauer, bei der regelmäßig ohnehin nur geringfügige Anwartschaften erworben worden sind, ein Ausgleich nicht stattfindet. In der Regel kann dies die Dauer eines Scheidungsverfahrens erheblich verkürzen, wenn im Übrigen aufgrund der kurzen Ehedauer auch keine weiteren Scheidungsfolgen streitig sind.

> **Formulierungsbeispiel:** Sollte innerhalb von fünf Jahren nach Eheschließung einer der Ehegatten Antrag auf Scheidung der Ehe stellen, ist der Versorgungsausgleich nicht durchzuführen.

f) **Vorsicht bei Ausschluss des Versorgungsausgleichs.** Der Ausschluss des Versorgungsausgleichs bewirkt kraft Gesetzes den Eintritt der Gütertrennung. Ist dies nicht gewollt, ist eine entsprechende klarstellende Vereinbarung unbedingt im Ehevertrag erforderlich. Diese kann wie folgt lauten:

> **Formulierungsbeispiel:** Wir schließen hiermit den Versorgungsausgleich aus. Gütertrennung soll, entgegen § 1414 Satz 2 BGB, durch diese Vereinbarung nicht eintreten.

g) Genehmigung des Ausschlusses des Versorgungsausgleichs. In dem Vertragsentwurf ist eine Regelung für den Fall vorgesehen, dass bereits binnen eines Jahres Scheidungsantrag gestellt werden sollte, mit der Folge, dass die Vereinbarung zum Versorgungsausgleich kraft Gesetzes unwirksam werden sollte. Der Versorgungsausgleich wäre dann nämlich grundsätzlich durchzuführen. Der Entwurf sieht vor, dass für diesen Fall die dann erforderliche Genehmigung des Familiengerichts für den Ausschluss des Versorgungsausgleichs bereits in dem Ehevertrag einvernehmlich beantragt wird.

8. Nachehelicher Ehegattenunterhalt

Soweit ein Unterhaltsanspruch besteht, ist dieser grundsätzlich durch Geldzahlung zu erfüllen. Er setzt sich aus dem so genannten Barunterhalt sowie dem Krankenvorsorge- und Altersvorsorgeunterhalt zusammen.

Der Barunterhalt dient der Deckung des laufenden Lebensbedarfes. Hierzu gehören Wohnung, Kleidung, Nahrung, Körperpflege, Freizeit- und Erholungsbedarf und die Pflege geistiger und kultureller Interessen. Als Alternative zu Geldzahlungen können auch Sachleistungen einvernehmlich vereinbart werden. Hier kommt insbesondere die Gewährung von mietfreiem Wohnen in Betracht.

Der Krankenvorsorgeunterhalt umfasst die Kosten für die notwendige Krankenversicherung des Unterhaltsberechtigten. Er ist neben dem Barunterhalt zu zahlen. Ist der Unterhaltsberechtigte gesetzlich krankenversichert, entfällt ein entsprechender Anspruch.

Ein Altersvorsorgeunterhaltsanspruch besteht nur in dem Maße, in dem der Unterhaltsberechtigte durch eigene Erwerbstätigkeit zur Deckung seines Unterhaltsbedarfs entsprechende sozialversicherungspflichtige Einkünfte nicht erzielen kann. Der Unterhaltsverpflichtete muss dann Zahlungen in einer Höhe leisten, die die daraus resultierende Versorgungslücke schließen. Bezugsgröße für die Ermittlung des Altersvorsorgeunterhalts ist im Regelfall der geschuldete Barunterhalt. Der konkrete Anspruch wird unter Heranziehung der so genannten Bremer Tabelle ermittelt.

Auch der Altersvorsorgeunterhalt ist neben dem Barunterhalt und dem Krankenvorsorgeunterhalt in bar zu zahlen.

Die gesetzlichen Regelungen zum nachehelichen Ehegattenunterhalt wurden am 1.1.2008 neu gefasst. Sie haben die bis zu diesem Zeitpunkt geltenden nachehelichen Ehegattenunterhaltsansprüche ganz wesentlich eingeschränkt. Das nunmehr geltende Recht betont den Eigenverantwortungsgrundsatz der Ehegatten für die Deckung ihres eigenen Unterhaltsbedarfs nach Scheidung.

Es gelten folgende nachehelichen Grundsätze für Ehegattenunterhalt: Jeder Ehegatte hat nach der Scheidung für seinen Unterhalt grundsätzlich selbst zu sorgen. Ein Unterhaltsanspruch besteht nur dann, wenn er hierzu außerstande ist und folgende Voraussetzungen vorliegen:

a) Unterhalt wegen Betreuung eines Kindes. Ein Unterhaltsanspruch besteht bei der Betreuung eines gemeinschaftlichen Kindes bis mindestens zu dessen dritten Geburtstag.

Die Dauer dieses speziellen Betreuungsunterhaltsanspruchs verlängert sich in erster Linie, wenn dies die Belange der Kinder erfordern. Hier ist vor allem die besondere Betreuungsbedürftigkeit von Kindern, beispielsweise aufgrund von Besonderheiten in der Entwicklung der Kinder (z.B. Krankheit oder Behinderung) zu nennen.

Von großer praktischer Bedeutung ist es, ob geeignete Drittbetreuungsmöglichkeiten in den Zeiten gegeben sind, in denen der betreuende Elternteil erwerbstätig ist bzw. sein könnte, um Einkommen zur Deckung seines Unterhaltsbedarfs zu erzielen.

Als Betreuer kommen etwa ein Hort, eine Tagesmutter oder Verwandte des das Kind Betreuenden in Betracht.

Eine Verlängerung des Betreuungsunterhaltsanspruchs kann sich auch aus der Gestaltung der Kinderbetreuung und der Erwerbstätigkeit während der Ehe sowie der Dauer der Ehe ergeben.

Dies ist Ausfluss der nachehelichen Solidarität. Je länger die Rollenverteilung in der Ehe so praktiziert worden ist, dass einer der Ehegatten gearbeitet hat, während der andere Ehegatte die Kinder unter Aufgabe oder Einschränkung seiner ursprünglichen Erwerbstätigkeit betreut hat, wächst der Anspruch dieses Ehegatten, auch in Zukunft auf dieses Betreuungsmodell vertrauen zu dürfen. Der Ehegatte der im Vertrauen auf die gewählte Rollenverteilung seine Erwerbstätigkeit länger eingeschränkt hat, kann auch einen längeren Anspruch auf Betreuungsunterhalt haben, als ein Elternteil, der von vorneherein vorhatte, in seinen Beruf nach kurzer Zeit zurückzukehren und dies auch getan hat.

Die Darlegungs- und Beweislast für einen Anspruch auf Betreuungsunterhalt hat der betreuende Ehegatte.

b) Unterhalt wegen Alters. Ein Ehegatte, der zum Zeitpunkt der Scheidung aufgrund seines Alters eine Erwerbstätigkeit nicht mehr ausführen kann bzw. diese nicht mehr von ihm erwartet werden kann, hat einen Unterhaltsanspruch. Es gelten keine starren Altersgrenzen, sondern die Umstände des Einzelfalles.

c) Unterhalt wegen Ausbildung oder Erwerbslosigkeit. Kann ein Unterhaltsberechtigter trotz äußerster Bemühungen keine angemessene Erwerbstätigkeit finden, besteht ebenfalls ein Unterhaltsanspruch. Angemessen ist eine Erwerbstätigkeit, die der Ausbildung, den Fähigkeiten, dem Lebensalter und dem Gesundheitszustand des geschiedenen Ehegatten entspricht.

Die Rechtsprechung stellt hohe Anforderungen an die Bewerbungsbemühungen des Unterhaltsberechtigten. Man kann grundsätzlich sagen, dass die

Bewerbungsbemühungen einen Umfang haben müssen, die dem Umfang einer Erwerbstätigkeit entsprechen.

Es wird zudem verlangt, dass sich der Unterhaltsberechtigte erforderlichenfalls fortbildet oder eine Umschulungsmaßnahme durchführt, um seine Erwerbschancen zu erhöhen.

Hat ein Ehegatte wegen der Eheschließung oder während der Ehe eine Schul- oder Berufsausbildung trotz entsprechender Planung nicht aufgenommen bzw. abgebrochen, besteht ein Unterhaltsanspruch während der Dauer der entsprechenden Ausbildungszeit, wenn der Unterhaltsberechtigte die Berufsausbildung in unmittelbarem zeitlichen Zusammenhang mit der Scheidung wieder aufnimmt und zu erwarten ist, dass er diese mit Erfolg abschließen kann.

Es kann daher auch sinnvoll sein, berufliche Perspektiven, insbesondere den Wunsch zur Fort- bzw. Weiterbildung und übrigen Karriereplanung in den Ehevertrag mit aufzunehmen. Das kann jedenfalls dann von Bedeutung sein, wenn einer der Ehegatten plant, eine Aus-, Fort- oder Weiterbildung später zu absolvieren, die durch den Verlauf der Ehe vereitelt wird. Daraus kann sich ein besonderer Anspruch auf Ausbildungsunterhalt ergeben. Die Aufnahme in den Ehevertrag erbringt für den berechtigten Ehegatten eine erhebliche Beweiserleichterung für den Fall einer streitigen Auseinandersetzung über diese Frage.

d) Rangverhältnisse verschiedener Unterhaltsansprüche. Nach der Unterhaltsreform vom 1.1.2008 haben sich die Rangverhältnisse geändert, also das Verhältnis, welche Unterhaltsansprüche vorrangig und welche nachrangig durch den Unterhaltsverpflichteten zu befriedigen sind.

Bis zur Reform waren die Unterhaltsansprüche von Kindern den Unterhaltsansprüchen des diese betreuenden ersten Ehegatten gleichrangig. War der Unterhaltsverpflichtete nicht in der Lage, sämtliche bestehenden Unterhaltsansprüche vollständig zu befriedigen, wurden die gleichrangigen Unterhaltsansprüche verhältnismäßig gekürzt.

Ehegatten, die in zweiter Ehe mit dem Unterhaltsverpflichteten verheiratet waren, und Mütter nicht ehelicher Kinder waren diesen Unterhaltsansprüchen nachrangig. Sie sind bei der Unterhaltsgewährung daher zumeist leer ausgegangen, wenn der Unterhaltsverpflichtete bereits mehrere Unterhaltsverpflichtungen aus erster Ehe bzw. gegenüber weiteren Kindern hatte.

Seit der Reform des Unterhaltsrechts sind grundsätzlich Unterhaltsansprüche minderjähriger Kinder und volljähriger Kinder, die noch eine allgemeine Schulausbildung absolvieren, allen anderen Unterhaltsansprüchen gegenüber vorrangig. Sie sind daher zunächst so weit wie möglich zu befriedigen.

Erst dann kommen Unterhaltsansprüche betreuender Mütter zum Zuge, unabhängig davon, ob sie mit dem Unterhaltsverpflichteten verheiratet waren oder nicht.

Bestand zwischen den Ehegatten eine lange Ehe und resultiert daraus ein besonderes Vertrauen des geschiedenen Ehegatten darin, dass ihm auch zukünftig Unterhaltsleistungen gewährt werden, kann er gleichrangig neben betreuenden Müttern bei der Unterhaltsberechnung zu berücksichtigen sein.

Anderenfalls sind die Unterhaltsansprüche des geschiedenen Ehegatten, der keine Kinder mehr betreut, den vorgenannten Unterhaltsansprüchen nachrangig.

e) Die Ermittlung des Unterhaltsanspruchs eines Ehegatten. Für die Höhe von Unterhaltsansprüchen ist das gesamte Einkommen beider Ehegatten nach Abzug der Kosten für berufsbedingte Aufwendungen, Kosten für Kranken- und Altersvorsorge sowie ehebedingte Zahlungsverpflichtungen maßgebend.

Einkommen aus Erwerbstätigkeit ist aber nicht in voller Höhe in die Unterhaltsberechnung mit einzubeziehen. Die Rechtsprechung nimmt nach Bereinigung des Einkommens wegen ehebedingter Zahlungsverpflichtungen, berufsbedingter Aufwendungen und vorrangiger Kindesunterhaltszahlungen einen Abschlag von 1/5 bis zu 1/7 von dem verbleibenden Einkommen aus Erwerbstätigkeit vor. Hier ist die Rechtsprechung zu beachten, die in dem Oberlandesgerichtsbezirk, in dem der Unterhaltsberechtigte lebt, maßgebend ist. Dieser Abschlag soll dem Erwerbstätigen einen Anreiz bieten, weiter zu arbeiten.

Wird Einkommen nicht aus Erwerbstätigkeit erzielt, sondern auf andere Weise, wird in Bezug auf diese Einkünfte ein entsprechender Abschlag nicht vorgenommen. Das ist zum Beispiel bei Miet- oder Zinseinnahmen aus Vermögen der Fall.

Arbeitet ein Ehegatte nicht, obwohl er arbeiten könnte und müsste, werden ihm bei der Ermittlung seines Unterhaltsbedarfs auf seiner Seite fiktive Einkünfte aus der möglichen Erwerbstätigkeit zugerechnet.

f) Maß des Unterhaltes. Die Höhe des Unterhaltsanspruchs hat sich bis zur Unterhaltsreform vom 1.1.2008 nach den so genannten ehelichen Lebensverhältnissen bemessen.

Bis zu diesem Zeitpunkt wurden sämtliche zur Deckung des Unterhaltsbedarfs zur Verfügung stehenden Mittel auf die Ehegatten verhältnismäßig gleichmäßig verteilt.

Hat mithin ein Ehegatte ein sehr hohes Einkommen und der andere Ehegatte ein geringes Einkommen erzielt, war der Unterhaltsanspruch unabhängig von anderen Umständen verhältnismäßig hoch. Damit wurde gewährleistet, dass sich der Lebensstandard eines Ehegatten nach einer Scheidung nicht verschlechtert.

Nach altem Recht war dieser Anspruch in der Regel unbefristet, wenn die Ehe länger als zehn bis fünfzehn Jahre gedauert hat, oder Kinder aus der Ehe hervorgegangen sind.

Ein Unterhaltsanspruch nach den ehelichen Lebensverhältnissen besteht nunmehr nur noch für einen zeitlich begrenzten Zeitraum.

Nach einer Übergangszeit wird das Maß des Unterhaltsbedarfes des Unterhaltsberechtigten auf den so genannten angemessenen Lebensbedarf herabgesetzt.

Der angemessene Lebensbedarf ergibt sich aus den Einkünften, die der unterhaltsberechtigte Ehegatte aufgrund seiner beruflichen Perspektiven erzielen könnte, wenn er die Ehe nicht geschlossen und Kinder nicht betreut hätte. Die Beweislast für das damit erzielbare Einkommen liegt bei dem Unterhaltsberechtigten.

Eine Herabsetzung von einem Unterhaltsanspruch nach den ehelichen Lebensverhältnissen auf die angemessenen erfolgt, wenn der höhere Unterhaltsanspruch unbillig wäre. Dabei ist insbesondere zu berücksichtigen, inwieweit durch die Ehe Nachteile im Hinblick auf die Möglichkeit eingetreten sind, für den eigenen Unterhalt zu sorgen.

Beispiel: Die Ehefrau hat vor der Eheschließung als Bankkauffrau gearbeitet und dort einen Nettoverdienst in Höhe von monatlich EUR 2.000,00 erzielt. Hätte die Ehefrau ohne Unterbrechung durchgängig in der Bank gearbeitet, würde ihr Nettoeinkommen heute EUR 2.500,00 betragen.

Sie ist mit einem erfolgreichen Investmentbanker verheiratet, der während der Ehe ein Nettoeinkommen in Höhe von EUR 10.000,00 monatlich hat. Aus der Ehe sind Kinder hervorgegangen, so dass die Ehefrau für 15 Jahre ihre Erwerbstätigkeit eingestellt hat. Nunmehr ist ihr der Eintritt in das Berufsleben als Bankkauffrau verwehrt, da sie die Entwicklung sowohl im EDV-Bereich, als auch die Marktentwicklungen versäumt hat. Praktisch vermittelbar ist sie lediglich noch für einfache Bürotätigkeiten, wobei diesbezüglich auch eine Fortbildung vorausgehen muss.

Das Gesetz sieht vor, dass sich ihr Unterhaltsanspruch zunächst aus dem vollständigen verfügbaren Einkommen des Ehemannes – unter Berücksichtigung der ehebedingten Belastungen – ergibt. Demnach soll vorliegend ein Unterhaltsanspruch in Höhe von EUR 3.000,00 angenommen werden.

Durch die Bestimmung, dass der Unterhaltsanspruch von den ehelichen Lebensverhältnissen auf den angemessenen Lebensbedarf herabzusetzen ist, beschränkt sich der Unterhaltsbedarf der Ehefrau nach einer Übergangsfrist auf den Betrag, den sie erzielen könnte, wenn sie unverändert gearbeitet hätte, mithin auf EUR 2.500,00. Auf diesen Bedarf ist das Eigeneinkommen der Ehefrau anzurechnen.

Die Dauer der Übergangsfrist kann nicht schematisch bestimmt werden. Die Rechtssprechung zeigt diesbezüglich bislang nur eine geringe Kontur auf. Grundsätzlich lässt sich sagen, dass für die Dauer, die erforderlich ist, den Lebensstandard von den ehelichen Lebensverhältnissen auf die Lebensverhältnisse, die bestehen würden, wenn die Ehe nicht geschlossen und keine Kinder geboren worden wären, als Übergangsfrist in Ansatz zu bringen ist.

Dem Unterhaltsberechtigten soll die Möglichkeit gegeben werden, seine Wohnverhältnisse – aber auch sein übriges Konsumverhalten – auf dieses Unterhaltsmaß einzustellen.

Das Gesetz sieht zudem nunmehr vor, dass auch der Anspruch auf Zahlung eines Unterhalts zur Deckung des angemessenen Lebensbedarfs zeitlich beschränkt werden kann, im Ergebnis also ein Unterhaltsanspruch völlig entfällt. Unter welchen konkreten Umständen das der Fall ist, ist noch sehr umstritten. Teilweise wird die Auffassung vertreten, dass in jedem Fall der Unterhaltsanspruch nach einer Übergangszeit, die an der Ehedauer orientiert werden kann, ohne hinzutreten weiterer Umstände entfällt. Andere fordern, dass die grundsätzliche Unterhaltsverpflichtung für den Unterhaltsverpflichteten unbillig sein muss. Unter welchen Umständen eine entsprechende Unbilligkeit gegeben sein soll, ist jedoch noch nicht geklärt.

Die Untergrenze des Unterhaltsbedarfs dürfte nach derzeitigem Stand der Diskussion der in den Unterhaltsleitlinien der Oberlandesgerichte enthaltene so genannte notwendige Selbstbedarf in Höhe von EUR 1.000,00 sein. Erzielt ein Unterhaltsberechtigter trotz Vollzeiterwerbstätigkeit ein geringeres Einkommen, dürfte ein Aufstockungsunterhaltsanspruch bis zu einem Betrag in Höhe von EUR 1.000,00 auch auf Dauer gegeben sein.

Aus dem Vorstehenden ist zu entnehmen, dass der nacheheliche Ehegattenunterhaltsanspruch im Verhältnis zur früheren Rechtslage nur noch verhältnismäßig schwach ausgeprägt ist. Daraus ergeben sich Konsequenzen für ehevertragliche Gestaltungen.

Bis zum 1.1.2008 wurden in der Regel ehevertragliche Unterhaltsregelungen so ausgestaltet, dass sie einen Unterhaltsanspruch des geschiedenen Ehegatten eingeschränkt haben.

Die nunmehr geltenden Unterhaltsregelungen erfordern eher, die gesetzlichen Unterhaltsansprüche durch vertragliche Vereinbarungen zu verlängern.

Jedenfalls geben die neuen Unterhaltsnormen Anlass dazu, ehevertraglich festzulegen, welches Leitbild die Ehegatten im Hinblick auf gemeinsame Kinder und deren Betreuung während der Ehe haben.

Diese Regelungen sind vor allem im Hinblick darauf sinnvoll, dass der Ehegatte, der Unterhalt begehrt, für diese Abreden zwischen den Ehegatten die volle Beweislast in einem Unterhaltsprozess hat.

Werden entsprechende Abreden ehevertraglich vereinbart, ergibt sich eine Beweislastumkehr mit der Folge, dass der Unterhaltsverpflichtete im Unterhaltsprozess die einvernehmliche Abkehr von diesen Wertvorstellungen während der Ehe beweisen muss.

Grundsätzlich ist es den Ehegatten unbenommen, den nachehelichen Unterhalt frei zu regeln. Es kann also der gesetzlich geschuldete Unterhalt, ein höherer oder ein niedrigerer, bis hin zum vollständigen Unterhaltsverzicht vereinbart werden.

Die Rechtsprechung setzt dieser Freiheit jedoch Grenzen:

Im Hinblick auf eine etwaige Wirksamkeitskontrolle im Rahmen einer gerichtlichen Auseinandersetzung über nacheheliche Ehegattenunterhaltsansprüche hat, wie bereits in der Einleitung ausgeführt, der Betreuungsunterhaltsanspruch besondere Bedeutung. Soweit die ehevertragliche Regelung hiervon zu Lasten des betreuenden Ehegatten abweichende Vereinbarungen enthält, können diese einer Wirksamkeit des Ehevertrages entgegenstehen.

Nachdem erst im Januar 2008 die Unterhaltsreform in Kraft getreten und damit eine grundsätzliche Neuregelung des Betreuungsunterhalts erfolgt ist, lässt sich derzeit nicht abschließend beurteilen, welche Auswirkungen dies auf die Ehevertragsfreiheit haben wird.

Zwar werden auch weiterhin die durch die höchstrichterliche Rechtsprechung entwickelten Grundsätze zur Wirksamkeitskontrolle von ehevertraglichen Regelungen Geltung haben. Danach wird eine Regelung, die in den Kernbereich des Betreuungsunterhaltsanspruchs, insbesondere zu Lasten des Kindeswohls eingreift, in der Regel unwirksam sein.

Damit dürfte jede Regelung, die einen Unterhaltsanspruch für die Zeit der Betreuung eines Kindes bis zum dritten Lebensjahr völlig ausschließt oder in einem Maß beschränkt, das eine Erwerbstätigkeit zur Sicherung des eigenen Unterhaltsbedarfs notwendig macht, unwirksam sein.

Im Übrigen dürfte aber die bisherige Rechtsprechung zu diesem Regelungsbereich nur noch eingeschränkt anwendbar sein. Die Unterhaltsreform betont die Eigenverantwortung der Ehegatten für die Deckung des eigenen Unterhaltsbedarfs. Sie mutet daher den Ehegatten mehr zu, um ihren Unterhaltsbedarf aus eigener Kraft zu decken, als früher. Daher wird die Eingriffsschwelle für die Feststellung der Unzumutbarkeit einer ehevertraglichen Regelung im Rahmen der Ausübungskontrolle erheblich höher sein als bisher.

Ein vollständiger Betreuungsunterhaltsverzicht auch für die Zeit der ersten drei Lebensjahre eines Kindes dürfte nur wirksam sein, wenn die nachehelichen Unterhaltsansprüche in einer Art und Weise geregelt werden, dass der betreuende und auf Unterhalt verzichtende Ehegatte dennoch seinen Unterhaltsbedarf decken kann.

Das ist dann der Fall, wenn er trotz des Unterhaltsverzichtes in der Lage ist, aus eigener Erwerbstätigkeit seinen Unterhalt zu decken. Sind beispielsweise beide Ehegatten bereit und in der Lage, ihre bislang ausgeübte berufliche Tätigkeit weiter auszuüben, aus der Einkünfte resultieren, die zur Deckung des eigenen Unterhaltsbedarfs ausreichen, und vereinbaren sie, ein Kind während der Arbeitszeiten von Dritten betreuen zu lassen, dürfte dies zulässig sein, wenn die hierfür erforderlichen Kosten als Kompensation von dem Begünstigten oder beiden Ehegatten getragen werden. Eine solche Regelung ist natürlich erst recht wirksam, wenn die Kinder älter sind.

g) Alternativen zur Unterhaltszahlung. Eine Alternative zur Unterhaltszahlung ist auch die Übergabe eines Vermögensgegenstandes, aus dem der dem Grunde nach Unterhaltsberechtigte Einkünfte erzielen kann, die zur Deckung seines Unterhaltsbedarfes ausreichen würden, beispielsweise ein werthaltiges Mietobjekt. Freilich dürften entsprechende Vereinbarungen nur in wirtschaftlich leistungsstarken Verhältnissen denkbar sein.

Der Formulierungsentwurf sieht einen vollständigen Verzicht auf nachehelichen Unterhalt vor. Er ist in der Regel gerechtfertigt, wenn die Ehegatten die gegenseitige Verantwortung über die Ehescheidung hinaus abgelten wollen. Diese Interessenlage ist vor allem bei Ehen gegeben, bei denen beide Ehegatten berufstätig bleiben wollen bzw. waren und vermögensmäßig unabhängig sind. Zumeist ist das bei kinderlosen Ehepaaren der Fall. Nicht selten ergibt sich diese Situation auch bei Zweitehen, die im fortgeschrittenen Alter geschlossen werden.

Für den Fall, dass ein Kind aus der Ehe hervorgeht oder einvernehmlich adoptiert wird, entfällt nach dem Entwurf der vollständige Unterhaltsverzicht, mit der Folge, dass der Unterhaltsanspruch dann nach den gesetzlichen Vorschriften zu ermitteln ist.

Der im Formulierungsbeispiel vorgesehene Verzicht auf Unterhalt nach § 1586 b BGB betrifft Unterhaltsansprüche gegen die Erben des Unterhaltspflichtigen.

Grundsätzlich besteht nämlich die Unterhaltsverpflichtung gegenüber einem geschiedenen Ehegatten auch über den Tod hinaus gegen die Erben des Unterhaltsverpflichteten. Begrenzt wird der Unterhaltsanspruch im Gesamtvolumen kraft Gesetzes allerdings auf den Wert, den ein Pflichtteilsanspruch des geschiedenen Ehegatten hätte, wenn die Ehe zum Zeitpunkt des Todes noch bestehen würde.

Es kommen hierzu folgende ergänzende Regelungen in Betracht:
- Die Bestimmung, bis zu welchem Zeitpunkt der Elternteil, der die Kinder überwiegend betreut, keine Erwerbstätigkeit ausüben muss,
- ab welchem Zeitpunkt eine Teilzeiterwerbstätigkeit von ihm erwartet werden kann und
- wann eine Vollzeiterwerbstätigkeit.

h) Konkrete Bestimmung für die Dauer des Unterhalts und Bestimmung der Erwerbsobliegenheiten. Der nacheheliche Unterhaltsanspruch kann beispielsweise auf die Dauer des Bestandes der Ehe oder auf die Hälfte der Dauer begrenzt werden.

Diese Regelung kommt vor allem in Betracht, wenn keine Kinder aus einer Ehe hervorgegangen sind.

Sind Kinder aus der Ehe hervorgegangen, kann der Unterhaltsanspruch an der Dauer der Kindesbetreuung orientiert werden. Der Unterhaltsanspruch wird dann häufig bis zu einem bestimmten Alter des jüngsten Kindes – beispielsweise dem 14. Geburtstag – befristet.

Formulierungsbeispiel für Unterhalt wegen Kinderbetreuung: In Abänderung zum gesetzlich geregelten Betreuungsunterhaltsanspruch vereinbaren wir für den Fall, dass Kinder aus unserer Ehe hervorgehen, Folgendes:

Der die Kinder betreuende Elternteil ist erst ab dem Zeitpunkt zu einer Halbtagstätigkeit verpflichtet, ab dem das jüngste Kind die Grundschule besucht.

Zu einer Vollzeittätigkeit ist er verpflichtet, ab dem Zeitpunkt, ab dem das jüngste Kind die Grundschule beendet hat. Ab diesem Zeitpunkt gelten die gesetzlichen Unterhaltsregelungen.

Die Ehegatten sind jedoch darüber einig, dass die Dauer der Kinderbetreuung kein Umstand im Sinne des Gesetzes ist, der es unbillig erscheinen lässt, Unterhalt herabzusetzen oder zeitlich zu begrenzen.

Begleitend zu der vorstehenden Regelung kann das Maß des Unterhalts sowohl für die Zeit, in der Kinder betreut werden, als auch möglicherweise für eine Übergangszeit nach Aufnahme einer Vollzeiterwerbstätigkeit festgelegt werden. Hier ist auszusprechen, ob sich der Unterhaltsanspruch nach den ehelichen Lebensverhältnissen richten soll.

> **Formulierungsbeispiel zum Maß des Unterhaltes:** Die Ehegatten sind sich darüber einig, dass sich das Maß des Unterhalts nach dem Maß der ehelichen Lebensverhältnisse bestimmen soll, solange nach diesem Ehevertrag ein Unterhaltsanspruch besteht.

Weiter ist festzulegen, unter welchen Bedingungen und zu welchem Zeitpunkt ein Unterhaltsanspruch endgültig entfallen soll.

Hier kann der Eintritt einer bestimmten Bedingung, insbesondere ein bestimmtes Alter eines Kindes als Einsatzzeitpunkt vereinbart werden:

> **Formulierungsbeispiel für eine Bedingung für einen Unterhaltsverzicht:** Mit dem 14. Geburtstag des jüngsten durch den Elternteil betreuten Kindes entfällt ein nachehelicher Ehegattenunterhaltsanspruch vollständig.
> Oder:
> Im Anschluss an den vereinbarten Kinderbetreuungsunterhalt besteht ein Unterhaltsanspruch nach den gesetzlichen Regelungen längstens noch für eine Dauer von drei Jahren.

i) Beschränkung auf bestimmte Unterhaltstatbestände. Wie oben bereits ausgeführt, knüpft der nacheheliche Unterhaltsanspruch an bestimmte Voraussetzungen an. Es kann ehevertraglich vereinbart werden, dass ein Unterhaltsanspruch nur in einzelnen vom Gesetzgeber vorgesehenen Fällen gegeben sein soll, in anderen nicht.

> **Beispiel:** Gesetzliche Unterhaltsansprüche werden auf den Kindesbetreuungsunterhalt gemäß § 1570 BGB beschränkt.
> Mit dieser Regelung werden alle anderen Unterhaltstatbestände ausgeschlossen.
> Alternativ:
> Ein Unterhaltsanspruch wegen Arbeitslosigkeit gemäß § 1573 BGB wird ausgeschlossen.

j) Modifikationen hinsichtlich der Einkunftsarten. Solche Regelungen kommen insbesondere in Betracht, wenn ein Ehegatte neben seinen Einkommen aus Erwerbstätigkeit Einkünfte aus Vermögen hat. Es kann beispielsweise vereinbart werden, Einkünfte aus Vermietung und Verpachtung aus einer bestimmten Immobilie für die Unterhaltsermittlung nicht zu berücksichtigen.

> **Formulierungsbeispiele:** Bei der Festlegung des Maßes des nachehelichen Unterhaltes sind die Mieterträge der Ehefrau aus der Immobilie in der Musterstraße, Musterstadt, außer acht zu lassen, ebenso die hieraus resultierenden steuerlichen Vor- oder Nachteile.
> Alternativ:
> Bei Festlegung des Maßes des nachehelichen Unterhaltes werden auf Seiten des Unterhaltspflichtigen Einkünfte aus Kapitalerträgen und Vermietung und Verpachtung weder als positive, noch als negative Einkünfte berücksichtigt.
> Alternativ:
> Bei Festlegung des Maßes des nachehelichen Unterhaltes sind auf Seiten des Unterhaltsberechtigten Zins- und Tilgungsverbindlichkeiten betreffend die Immobilie Musterstraße in Musterstadt nicht zu berücksichtigen.

k) Begrenzung des Unterhaltsanspruchs auf einen Höchstbetrag. Bei wirtschaftlich besonders starken Verhältnissen kann auch eine Unterhaltsbegrenzung durch die Vereinbarung eines Höchstbetrages in Betracht kommen. Es ist durchaus denkbar, dass Unterhaltsansprüche von monatlich EUR 10.000,- eines Ehegatten bestehen, wenn die Einkommensverhältnisse und der Lebensstil der Ehegatten entsprechend geprägt waren. Durch eine Vereinbarung kann praktisch der Unterhaltsmaßstab von den ehelichen Lebensverhältnissen oder dem angemessenen Lebensbedarf auf ein anderes Niveau festgelegt werden.

> **Formulierungsbeispiel:** Für den Fall, dass Kinder aus unserer Ehe hervorgehen, soll es grundsätzlich bei der gesetzlichen Regelung des nachehelichen Unterhaltsanspruchs verbleiben. Allerdings begrenzen wir das Maß des Barunterhalts auf einen Höchstbetrag von EUR 2.500,-.
> Zur Berücksichtigung der Geldwertentwicklung wird vereinbart, dass sich dieser Höchstbetrag nach oben oder unten im gleichen prozentualen Verhältnis verändert, wie sich der Verbraucherpreisindex für Deutschland (Stand: ....) ab Vertragsunterzeichnung verändert.
> Die erste Anpassung erfolgt bei Rechtskraft der Scheidung und sodann in Abständen von jeweils drei Jahren. Die Unterhaltsbegrenzung gilt für sämtliche gesetzliche Unterhaltstatbestände.

l) Schwelle für einen Unterhaltsabänderungsanspruch. Es kann weiter eine Vereinbarung dahingehend getroffen werden, ob und gegebenenfalls wann bei bestehenden Unterhaltsansprüchen deren Abänderung verlangt werden kann. Das Gesetz sieht vor, dass ein Abänderungsanspruch dann gegeben ist, wenn seit der letzten Unterhaltsermittlung sich der Unterhaltsanspruch um 10 % nach oben oder unten verändert hätte.

Die Ehegatten können zum Beispiel vereinbaren, dass eine Unterhaltsabänderung erst bei Veränderung der Unterhaltsansprüche von 20 % oder aber auch bereits bei 5 % verlangt werden kann.

m) Vereinbarung zur Auskunftsverpflichtung über Einkünfte. Ein Unterhaltsberechtigter hat alle zwei Jahre einen Anspruch auf Erteilung einer Auskunft zu den Einkünften, so dass praktisch alle zwei Jahre die Frage der Unterhaltsabänderung im Raum stehen kann.

Die Ehegatten können abweichend vereinbaren, dass eine Auskunftsverpflichtung nicht alle zwei Jahre, sondern beispielsweise nur alle drei oder fünf Jahre besteht bzw. nur nach Ablauf dieser Fristen eine Unterhaltsabänderung verlangt werden kann, wenn die gesetzlichen Voraussetzungen hierfür vorliegen.

9. Erläuterung der Schlussbestimmungen

a) Salvatorische Klausel. Die in den Schlussbestimmungen des Vertrages vorgesehene Klausel, dass für den Fall, dass eine Regelung des Vertrages unwirksam sein soll, diese nicht vollständig entfallen soll, sondern zu ermitteln ist, welche Regelung dieser ersatzweise am nächsten kommt, nennt man salvatorische Klausel.

Eine wie hier vorgeschlagene salvatorische Klausel, bei der auch bei der Unwirksamkeit einer einzelnen Klausel die übrigen Klauseln wirkam bleiben sollen, sollte selbstverständlich nur dann mit in den Vertrag aufgenommen werden, wenn nicht mehrere Klauseln nur bei vollständiger Wirksamkeit eine insgesamt ausgewogene Regelung darstellen. Anderenfalls könnte dies zur Folge haben, dass der Ehegatte, der einen Vorteil aus einer möglicherweise unwirksamen Klausel gehabt hätte, diesen verliert, während die Regelung, die dem anderen Ehegatten im Gegenzug einen Vorteil gewährt hat, aufgrund ihrer Wirksamkeit Bestand hat. Sind in diesem Sinne Vereinbarungen miteinander verknüpft, ist dies im Rahmen der salvatorischen Klausel unbedingt klarzustellen.

b) Kostenregelung. Grundsätzlich haften die an der Urkunde beteiligten Vertragsparteien gemeinschaftlich für die Kosten der Urkunde. Sie können aber im Innenverhältnis eine hiervon abweichende Vereinbarung der Kostenquote treffen, beispielsweise, dass einer die Kosten allein trägt.

10. Weitere Regelungsgegenstände und Aspekte des Ehevertrages

a) Kindesunterhalt. Regelungen zum Kindesunterhalt sind in Eheverträgen üblicherweise nicht enthalten. Dies beruht darauf, dass zum einen mit dem Vertrag lediglich die persönlichen und rechtlichen Verhältnisse zwischen den Ehegatten geregelt werden sollen. Zudem handelt es sich bei Kindesunterhaltsansprüchen um Ansprüche der Kinder und nicht der Ehegatten. Diese Ansprüche sind nur in ganz engen Grenzen abweichend vom Gesetz regelbar. Aufgrund dessen bleibt die Regelung von Kindesunterhaltsansprüchen dem jeweils späteren Zeitpunkt vorbehalten.

b) Regelungen zum Familiennamen des Kindes. Im Hinblick auf das modernisierte Namensrecht kann sich bei der Geburt eines Kindes die Frage ergeben, welchen Namen es führen soll, nachdem für die Ehegatten die Möglichkeit besteht, unterschiedliche Familiennamen zu führen.

Die Ehegatten können daher ehevertraglich bereits vor der Geburt eines Kindes vereinbaren, welchen Familiennamen das Kind führen soll. Doppelnamen aus der Kombination der Nachnamen der Eltern sind kraft Gesetzes nicht zulässig.

Fehlt eine entsprechende Vereinbarung zwischen den Eltern, kann das Familiengericht eine Entscheidung – unter Berücksichtigung des Kindeswohls – für die Eltern auf Anruf treffen.

c) Betreuungsvorsorge. Es besteht die Möglichkeit, in einem Ehevertrag zu regeln, dass Ehegatten sich in den Fällen, in denen sie aus gesundheitlichen Gründen ihre rechtlichen Angelegenheiten nicht mehr selbst wahrnehmen können, gegenseitig bevollmächtigen.

Es handelt sich dabei um eine so genannte Vorsorgevollmacht. Durch deren Erteilung, wird eine ansonsten notwendige Betreuerbestellung seitens des Staates vermieden. Ein gerichtlich bestellter Betreuer unterliegt der laufenden staatlichen Kontrolle. Dies ist bei der rechtsgeschäftlich erteilten Vorsorgevollmacht nicht der Fall.

Die Vorsorgevollmacht unterliegt keinerlei Formvorschriften. Es empfiehlt sich jedoch Schriftform zum erleichterten Nachweis der Vollmacht. Soll der Bevollmächtigte auch berechtigt sein, Geschäfte, die der notariellen Form bedürfen, für den Vollmachtgeber durchzuführen, bedarf die entsprechende Bevollmächtigung ebenfalls der notariellen Beurkundung.

Da nicht jeder Dritte vom Inhalt der übrigen ehevertraglichen Vereinbarung im Rechtsverkehr Kenntnis erhalten soll, empfiehlt es sich, entsprechende Regelungen so zu treffen, dass von der Vollmacht eine gesonderte Ausfertigung durch den Notar erteilt wird. Es ist aber natürlich auch möglich, eine entsprechende Vollmacht in einer separaten Urkunde zu erteilen. Das lässt allerdings höhere Gebühren entstehen.

Wegen weiterer Einzelheiten wird auf entsprechende weiterführende Literatur verwiesen.

d) Schiedsgerichtsverfahren. Um die Rechtsfolgen einer Scheidung zu regeln, kann bei Streitigkeiten hierüber als Alternative zur Durchführung eines gerichtlichen Verfahrens zur Herbeiführung einer Entscheidung vereinbart werden, dass ein so genanntes Schiedsgerichtsverfahren durchgeführt wird.

Die Durchführung eines Schiedsgerichtsverfahrens kann – muss aber nicht – kostengünstiger als ein gerichtliches Verfahren sein. Der Hauptvorteil des Verfahrens wird darin gesehen, dass es aufgrund der weniger formalen Ausgestaltung als ein gerichtliches Verfahren erfahrungsgemäß weniger Konfrontationen der Ehegatten auslöst und es in Folge dessen auch schneller durchgeführt werden kann.

Gegenstand eines entsprechenden Schiedsgerichtsverfahrens können Fragen des Kindes- und nachehelichen Ehegattenunterhaltes sowie Streitigkeiten über Güterrechtsfragen sein.

Der wesentliche Nachteil eines Schiedsgerichtsverfahrens liegt aber darin, dass auch hier Verzögerungen durch einen der Ehegatten provoziert werden können und zwar insbesondere im Rahmen der Besetzung eines Schiedsgerichts, so dass hier möglichst genaue Vorgaben in einer Schiedsgerichtsklausel getroffen werden sollten. Zudem können sich Probleme bei der späteren Vollstreckung eines Schiedsspruchs durch staatliche Organe, nämlich der Sachpfändung durch Gerichtsvollzieher oder der Pfändung von Guthaben des Zahlungsverpflichteten wegen etwaiger Zahlungsansprüche ergeben.

Aus diesem Grund hat sich diese Form der Streitschlichtung nicht durchgesetzt.

e) Ausländerbeteiligung. Für den Fall, dass einer der beiden Ehegatten Ausländer sein sollte, sind folgende Rechtsfragen von besonderer Relevanz:

Es muss sichergestellt werden, dass der Ausländer den vollständigen Vertragstext sprachlich und inhaltlich versteht. Anderenfalls besteht die Gefahr, dass der Ehevertrag wegen Irrtums oder arglistiger Täuschung später mit der Begründung angefochten wird, der betreffende Ehegatte habe den Inhalt nicht richtig verstanden.

Bestehen daher auch nur geringste Zweifel darüber, dass die Deutschkenntnisse des Betreffenden ausreichen, den Vertragstext zu verstehen, ist unbedingt ein Dolmetscher hinzuzuziehen.

Der Dolmetscher sollte sowohl zunächst den Entwurf übersetzen, damit der betreffende Ehegatte die Möglichkeit hat, sich den Vertragstext durch den Kopf gehen zu lassen. Zudem ist der Dolmetscher sodann nochmals bei der endgültigen Beurkundung des Vertrages hinzuzuziehen, bei der erneut der Vertrag auch in der Muttersprache des Ausländers vorliegen muss.

Der zweite Punkt ist die Frage der Rechtswahl der Ehegatten für das für den Fall der Scheidung anwendbare Recht.

Dieses hängt aus deutscher Sicht davon ab, welche Nationalität die Ehegatten zum Zeitpunkt der Eheschließung haben, ob sie die Ehe im Inland oder im Ausland geschlossen haben und wo sie ihren gewöhnlichen gemeinsamen Aufenthalt haben.

Haben die Ehegatten die Ehe im Inland geschlossen, ist zumindest einer der Ehegatten Deutscher und leben die Ehegatten in Deutschland ist die Sachlage unproblematisch. Es ist für alle Rechtsfragen, die mit einer Scheidung zusammenhängen deutsches Recht anwendbar.

Haben ein deutscher und ein ausländischer Staatsangehöriger in dem Land die Ehe geschlossen, dem der Ausländer angehört, ist für das Güterrecht das Recht des Ausländers anwendbar. Dieses Recht ist nicht durch einen Umzug in ein anderes Land zu verändern. Das hat vor allem für den Erwerb von Immobilien im Inland Relevanz, wenn beispielsweise ein Deutscher und ein Italiener in Italien die Ehe schließen. In Italien gilt der Güterstand der Errungenschaftsgemeinschaft, der im Prinzip dem deutschen Güterstand der Gütergemeinschaft entspricht. Daraus folgt, dass alles was die Ehegatten an Eigentum erwerben, gemeinschaftliches wird. Daher können sie beispielsweise kein Bruchteilseigentum zu ½ an einer Immobilie erwerben. Das kann zu Problemen bei der Eintragung von Eigentum an Immobilien im Grundbuch in Deutschland führen.

Wollen bei gemischt nationaler Ehe, also bei einer Ehe zwischen einem Deutschen und einem Ausländer oder zwischen zwei Ausländern, die Ehegatten diese Probleme vermeiden und deutsches Güterrecht für anwendbar erklären, können sie dies mit einer notariellen Vereinbarung.

Allerdings ist dabei zu beachten, dass manche ausländische Rechtsordnungen eine solche Rechtswahl bei einer dort durchzuführenden Scheidung nicht anerkennen.

Diese Rechtswahl kann auch dahingehend beschränkt getroffen werden, dass ihr lediglich das in Deutschland belegene Immobilienvermögen unterliegt. Diese Rechtswahl ist besonders für Ehegatten zu empfehlen, die beide Ausländer sind und beabsichtigen, in Zukunft in Deutschland zu leben.

Bei gemischt nationaler Ehe ist es für Deutsche aber auch möglich, umgekehrt einen Güterstand des Landes ehevertraglich zu vereinbaren, dem der andere Ehegatte angehört.

Für alle anderen Ehewirkungen, insbesondere also das für die Scheidung anzuwendende Recht gilt, dass dieses wandelbar ist. Verlegen also der Deutsche und der Ausländer nach ihrer Eheschließung ihren Lebensmittelpunkt nach Deutschland, gilt deutsches Scheidungsrecht. Zudem ist deutsches Unterhaltsrecht anwendbar. Das gilt auch dann, wenn die Ehegatten ihren letzten Lebensmittelpunkt in Deutschland hatten, der Ausländer aber nach der Trennung wieder in sein Heimatland zurückkehrt.

Bei unterschiedlicher Nationalität der Ehegatten und insbesondere bei einer Eheschließung im Ausland besteht nach deutschem Recht die weitgehende Freiheit, ein Recht zu wählen, nach dem auch die übrigen Scheidungsfolgen für den Fall einer Scheidung geregelt werden sollen. Fehlt es an einer entsprechenden Regelung, kann dies dazu führen, dass im Rahmen einer in Deutschland durchzuführenden Scheidung ausländisches Recht, beispielsweise italienisches, anwendbar ist.

Daher sollte bei einer gemischt nationalen Ehe auch im Einzelfall geprüft werden, ob diesbezüglich eine ehevertragliche Rechtswahl sinnvoll ist.

Die Darstellung, ob und in welchem Umfang eine Rechtswahl hinsichtlich der allgemeinen Ehewirkungen und des Güterrechts möglich ist, würde den Rahmen dieser Darstellung sprengen, weil die Möglichkeiten für eine entsprechende Rechtswahl bei bestimmten Nationalitäten nur eingeschränkt möglich sein können. Daher ist vor einer entsprechenden Vereinbarung rechtlich zu prüfen, ob diese im Einzelfall wirksam möglich ist.

Die Rechtswahl bedarf der notariellen Form. Sie sollte in jedem Fall im Güterrechtsregister eingetragen werden, da manche ausländische Rechtsordnungen eine solche Eintragung voraussetzen, um diese anzuerkennen.

Es kann in einem Ehevertrag nicht nur deutsches Recht, sondern auch das Recht eines anderen Staates gewählt werden. Allerdings ist diese Rechtswahl nur dann wirksam, wenn diese nach den allgemeinen Regelungen zur Inhaltskontrolle von Eheverträgen nach deutschen Maßstäben keine erhebliche Benachteiligung eines der Ehegatten darstellen würde.

Auch die Frage des Namensrechtes kann bei einer Ausländerehe von Bedeutung sein. Hier kann eine ehevertragliche Regelung hinsichtlich der Wahl des Familiennamens getroffen werden, indem die Ehegatten zum Zeitpunkt des Vertragsschlusses wählen, nach welchem Recht ihr Ehename bestimmt werden soll. Sind beide Ehegatten Ausländer und haben ihren gemeinsamen Aufenthalt aber in Deutschland, können sie diesbezüglich deutsches Recht wählen.

Natürlich unterliegen auch die Eheverträge zwischen Deutschen und Ausländern der Wirksamkeits- und Ausübungskontrolle deutscher Gerichte. Holt beispielsweise ein Deutscher einen Ausländer nach Deutschland und ist bereits zum Zeitpunkt der Eheschließung absehbar, dass der Ausländer auf Dauer nicht in der Lage sein wird, seinen Lebensunterhalt aus eigener Erwerbstätigkeit zu decken, sei es mangels Ausbildung oder Sprachfähigkeiten, dürfte eine Totalausschlussvereinbarung, wie im vorstehenden Muster vorgesehen, unwirksam sein, mit der Folge, dass nachehelich eine Unterhaltsverpflichtung gegeben wäre.

Daher ist auch in diesen Fällen besonders zu prüfen, ob die gewünschten Rechtsfolgen für den Fall der Scheidung rechtswirksam sind.

f) Kosten eines Ehevertrages. Die Gebühren des Notars sind im Gesetz geregelt. Der Notar ist ein staatliches Organ. Maßgebend ist die so genannte Kostenordnung. Die Höhe der entstehenden Gebühren hängt vom so genannten Gegenstandswert ab, also dem Wert des Regelungsgegenstandes der notariellen Urkunde. Für den Abschluss eines Ehevertrages ist als Gegenstandswert der Gesamtvermögenswert der Ehegatten abzüglich bestehender Verbindlichkeiten maßgebend.

Beispiel:
⇨ Ehemann

Aktivvermögen:		
Eigentumswohnung	EUR	100.000,00
Lebensversicherung	EUR	15.000,00
Hausrat	EUR	10.000,00
./. Darlehensverbindlichkeiten	− EUR	40.000,00
Differenz	EUR	85.000,00

⇨ Ehefrau

Sparvermögen	EUR	10.000,00
PKW	EUR	10.000,00
PKW-Restdarlehen	− EUR	5.000,00
Differenz	EUR	15.000,00

Gesamtvermögen der Ehegatten	EUR	100.000,00

Es fallen 20/10 Gebühren an. Diese betragen nach der Kostenordnung, Stand 2008, EUR _____ zuzüglich geringfügiger Nebenkosten und

Mehrwertsteuer. Mit diesen Gebühren ist eine etwaige vorangegangene Beratung des Notars mit abgegolten, auch wenn sie in mehreren Terminen erfolgt ist.

Kommt es nach einer Beratung nicht zur Beurkundung eines bereits gefertigten Ehevertragsentwurfs, so fällt lediglich eine Entwurfsgebühr in Höhe von 10/10 an. Treffen die Ehegatten keine besondere Regelung, haften beide insgesamt für die volle Summe der Kosten der Urkunde gegenüber dem Notar, insgesamt jedoch nur einmal.

Wird mit dem Abschluss des Ehevertrages die Regelung eines Erbvertrages, also der testamentarischen Erbfolge, mit aufgenommen, werden dadurch die Gebühren nicht erhöht.

g) Vertragspflege. Die Ehe und die persönlichen Verhältnisse der Ehegatten unterliegen einem ständigen Wandel. Daher sollte in regelmäßigen Zeitabständen überprüft werden, ob der Inhalt eines Ehevertrages den dann gegebenen persönlichen und wirtschaftlichen Interessen der Ehegatten noch entspricht. Hierzu kann quasi als Appell an die Ehegatten folgende ergänzende Vertragsklausel mit aufgenommen werden:

> **Formulierungsbeispiel:** Der beurkundende Notar empfiehlt, die heute getroffenen Vereinbarungen in gewissen Zeitabständen dahingehend zu überprüfen, ob sie uns jeweils für die weitere Zukunft als angemessen erscheinen.
> Änderungsbedarf kann sich auch daraus ergeben, dass sich gesetzliche Regelungen oder die Rechtssprechung zu bestimmten Rechtsfragen wesentlich geändert haben.